RENÉE DE BENOIT

1892-1919

Renée de Benoit

NÉE VAN BERCHEM

Souvenirs et Lettres

Dix-huitième à vingt-deuxième mille.

La prière formulée à la fin de l'avant-propos a été si abondamment exaucée que, pour répondre aux demandes qui n'ont cessé d'affluer, il a fallu réimprimer plusieurs fois déjà ce petit volume, et aujourd'hui il est répandu à plus de 50.000 exemplaires en français, allemand, anglais, danois, espagnol, hollandais, russe, suédois et tchécoslovaque. Des traductions en roumain, en portugais et en bulgare sont en préparation.

Nous avons ajouté à cette nouvelle édition quelques fragments de lettres retrouvées ultérieurement, ainsi qu'un certain nombre de notes, tirées des carnets intimes de Renée.

La Mission Canaraise ayant rendu ses champs à la Mission de Bâle et cessé d'exister, cette nouvelle édition est publiée par l' Institut «Emmaüs» à Vennes sur Lausanne, *à qui les commandes doivent être adressées. Compte de Chèques II. 31.47.*

Renée de Benoit, Souvenirs et lettres, Fr. 3,50.

Notes matinales (extraits des Carnets intimes de Renée de Benoit) cartonné Fr. *2.50.*

(Port compris pour la Suisse. Pour l'étranger, ajouter 30 centimes.)

Pour la France, on peut adresser des commandes à la « Brigade missionnaire de la Drôme », Dieulefit, Drôme.

Renée de Benoit

née van Berchem

Souvenirs et Lettres

Dix-huitième à vingt-deuxième mille.

INSTITUT « EMMAÜS » VENNES SUR LAUSANNE

« Ne me retardez pas, puisque l'Eternel a fait réussir mon voyage ; laissez-moi partir, et que j'aille vers mon Seigneur. »

Genèse 24 : 56.

AVANT-PROPOS

Les pages qui suivent ne sont pas une biographie. En cédant aux désirs de nombreux amis de rassembler quelques souvenirs de celle qui nous a été si tôt et si soudainement redemandée, il nous a paru surtout utile de la laisser raconter elle-même l'histoire de son âme. Aussi trouvera-t-on dans ces pages, non de la littérature, mais des fragments de lettres tout intimes, dont nous avons respecté le caractère juvénile et primesautier, désireux que nous étions de permettre à chacun de lire au plus profond de cette âme et d'y suivre comme pas à pas l'œuvre de l'Esprit.

S'il nous en a coûté, parfois, de livrer ces effusions telles quelles à la publicité, nous le faisons en demandant à Dieu de bénir ce témoignage dans toute sa simplicité, et de s'en servir pour amener beaucoup de lecteurs à une consécration plus entière et plus joyeuse au service de Jésus-Christ.

CHAPITRE PREMIER

ENFANCE ET JEUNESSE
1892-1910

Renée était la troisième fille des huit enfants du Colonel Paul van Berchem et d'Alice van Berchem, née Necker.

Elle naquit au château de Crans, sur les rives du Léman, le 21 juin 1892. Fluette, un peu délicate pendant sa première enfance, avec de grands yeux bleus profonds, frangés de longs cils, vite effarouchée à l'approche de figures inconnues, elle aimait à chercher un refuge dans les bras de sa maman et à blottir sa tête sur son épaule. Mais, si elle était timide envers les étrangers, elle n'était certes pas craintive dans les jeux et les exercices physiques ; très adroite et hardie, elle osait tenter les sauts les plus audacieux et entreprendre les escalades les plus risquées. Elle avait une grande sûreté de gestes, et sa mère la revoit encore, à neuf ans, entrant dans sa chambre, portant sur un bras, avec une aisance parfaite, son petit frère de quelques semaines, et de l'autre main un plateau chargé d'une tasse de thé.

Son enfance s'est épanouie heureuse, dans le beau cadre de Crans, au milieu de ses sept frères et sœurs et d'une joyeuse bande de cousins et cousines.

Toujours prête à se rendre utile, à s'occuper des cadets, à céder aux aînés, elle aimait à s'oublier elle-même. Plus d'une fois, si elle avait reçu au repas de famille une pêche ou une poire plus grosse que celle de sa voisine, en cachette elle faisait l'échange. Souvent, en partant pour une course avec la bande joyeuse de ses sœurs et de ses cousines, elle revenait sur ses pas dire à sa mère : « Vous êtes toute seule, maman, voulez-vous que je reste avec vous ? » Et, au retour, sa première pensée était de savoir si sa mère avait eu aussi une bonne journée.

Douée d'une intuition particulière pour deviner les pensées et les désirs de chacun, elle allait au devant des services à rendre avec une perspicacité dont la source était dans son cœur aimant. Par son caractère si égal, elle contribua grandement à créer au sein de sa famille une atmosphère joyeuse et paisible.

Renée avait onze ans lorsqu'elle perdit sa grand' mère Mme Necker. Ce fut son premier grand chagrin, et elle n'oublia jamais le texte qu'elle reçut d'elle à son lit de mort :

« A ceci tous connaîtront que vous êtes mes disciples, si vous avez de l'amour les uns pour les autres. »

La grande intimité des quatre sœurs aînées ne fera que s'accroître au cours de la vie, et leurs beaux souvenirs communs d'enfance et de jeunesse vont créer entre elles un lien indissoluble. Si dans la suite leurs mariages et leurs vocations vont les séparer et les disperser au delà des mers, rien ne pourra affaiblir leur affection mutuelle, et Renée gardera avec chacune d'elles une intimité toute spéciale.

Bien vite sa jeune âme a été attirée à Dieu comme par un puissant aimant. La Bible est devenue son livre favori. Chaque matin, fidèlement, elle inscrivait dans un carnet qu'elle appelait son « Livre de Merveilles » un texte, accompagné d'autres références, que lui avait suggéré sa lecture journalière.

Dans une réunion des Unions chrétiennes groupant un grand nombre de jeunes filles de la contrée, le sujet de la nécessité de confesser le Sauveur ayant été exposé, un appel fut adressé à toute cette jeunesse, les invitant à saisir l'occasion de rendre leur témoignage. Après quelques minutes de silence, Renée, que chacun connaissait si timide et réservée, se leva et dit tout simplement, mais avec tant de sincérité et de ferveur : « J'aime Jésus et je veux être sa servante. » Ces quelques mots, acte d'obéissance à la voix intérieure de l'Esprit de Dieu, ont aidé à d'autres bouches à s'ouvrir. Dieu a béni ce premier témoignage, et a marqué de Son Sceau Sa jeune servante, qui écrivait peu après : « Maintenant j'ai la paix de Dieu dans mon cœur. »

Au cours des hivers 1904 à 1907, Renée dut faire trois séjours de montagne pour lutter contre une lésion aux poumons provenant des suites d'une violente coqueluche. Elle écrivait de la montagne :

Je suis joyeuse, très joyeuse, parce que Jésus

m'a non seulement pardonnée, mais m'a déjà donné de remporter des victoires sur moi-même. Christ m'a fortifiée par ce texte : — « Ce n'est pas vous qui m'avez choisi, mais moi je vous ai choisis », — et puisque c'est Lui qui m'a choisie pour être Sa servante, je Lui remets tout mon être avec confiance, sachant qu'Il peut tout faire, même pour moi qui l'ai offensé de tant de manières.

Les études de Renée furent forcément entravées par ces séjours de montagne ; elle était extrêmement timide et défiante d'elle-même, elle n'avait pas une grande facilité de mémoire ; mais elle était si consciencieuse et si appliquée, si désireuse de satisfaire ses maîtres, qu'elle acheva ses études avec de très bons résultats.

Pendant les hivers 1908 et 1909, elle fit avec beaucoup d'intérêt son instruction religieuse avec M. le pasteur Sauvin.

Elle aimait beaucoup la nature et jouissait de la vie à la campagne, des beaux étés à Crans, des vacances de Pâques passées au château de Vufflens, des séjours de montagne, où elle donnait libre cours à son goût pour les courses.

A deux reprises, elle fit un voyage en Italie, une première fois au lac Majeur avec ses parents et ses sœurs, puis elle accompagna son père avec sa sœur Yvonne à Bologne, à Florence et dans la Maremme où elle eut l'occasion de monter à cheval. Elle avait gardé tout particulièrement le souvenir de ce dernier voyage.

Désireuse de se rendre utile auprès de moins privilégiés qu'elle, Renée fit, en été 1909, un stage à Burtigny, dans l'orphelinat de « La Maison »[1] Ce séjour fut doublement béni pour elle, tout d'abord en l'associant à cette œuvre de foi et d'amour de travail et d'abnégation, puis en lui faisant sentir le prix de tout ce qu'elle avait reçu en partage.

Voici quelques fragments de ses lettres de cette époque :

A sa mère:

20 août 1909.

Si je savais dessiner, je ferais un croquis idéal du lieu où je suis. Assise au pied d'un buisson au bord d'un champ de blé, surveillant une douzaine d'enfants qui glanent, j'ai devant les yeux une vue magnifique, des champs de blé, des prés, la plaine, où j'essaye de distinguer notre cher Crans, — où j'aimerais quelquefois me trouver, — puis le lac et les montagnes, qui d'ici sont splendides.

...Me voici depuis une semaine à Burtigny. Je commence à m'habiteur à cette nouvelle vie

[1] Cet institut, fondé en 1899 par M. le pasteur Moreillon sur les mêmes principes de foi que les fameux orphelinats de Georges Muller, à Bristol, ne fait pas d'appels financiers, mais attend jour après jour de la main de Dieu le pain quotidien pour les cinquante à soixante orphelins qu'on y élève.

et à me rendre un peu utile. Lever vers cinq heures, puis lever des « petits » et réunion de prières. J'ai la responsabilité des enfants de quatre à huit ans. C'est le moment des vacances, et celui des moissons ; aussi sommes-nous à peu près toute la journée dehors, à la glane ou au bois.

...J'ai mis la main à tout. L'autre jour, comme il n'y avait plus de grands garçons disponibles pour aller rentrer le regain, j'ai manié le râteau et appris l'art de faire des « cuchets ».

...Je me suis à peu près accoutumée aux habitudes de la « Maison » ; mais je vous assure que j'apprécie et que j'apprécierai bien plus à l'avenir tout le confort de notre délicieux home.

...Je suis tès contente d'être venue ici, cela m'a ouvert les yeux sur tant de choses dont je jouissais et que je n'ai pas du tout su apprécier comme j'espère le faire maintenant.

...Je me plonge dans de profondes réflexions sur les grandes différences entre les existences des uns et des autres, et je suis très contente de voir de près la vie qu'on mène ici. Avec quelle attention et quel soin on économise la moindre chose ! En vérité, rien, absolument rien ne se perd.

A sa sœur Anne, en séjour en Angleterre :

...Tu peux être sûre que tes quarante francs ont été bien placés. Une seule fois Sœur Cécile nous a parlé d'argent, et encore lorsque celui-ci venait d'arriver. Un beau jour, il n'y avait plus ni farine, ni pain, à part quelques miches seulement, qui ne devaient pas durer longtemps (en une semaine on en consomme cent cinquante, et de grosses !). Le matin de cette constatation, Sœur Cécile reçoit un écu avec ce passage : « Ne vous inquiétez pas du lendemain, car le lendemain aura soin de lui-même. » Tu penses bien que cette somme n'était pas suffisante, et il fallait à tout prix chercher la farine le jour suivant, le char était déjà commandé pour descendre au moulin. Dieu était prêt à répondre, et le lendemain matin, juste avant le départ du char, Sœur Cécile reçoit cent francs.

...Vers la fin de mon séjour, nous avons été visiter, Sœur Cécile et moi, plusieurs autres institutions de bienfaisance. Je crois que, sans les voir, tu ne peux te figurer les misères humaines. Ce jour-là, j'ai vu et appris beaucoup de choses. Commes nous sommes heureuses et privilégiées ! Que de souffrances il y a dans le monde, et quels drames affreux se passent à côté de nous sans que nous en sachions rien !

A sa sœur, pour sa fête :

20 août 1909.

Que cette année qui va passer, et qui ne reviendra plus, te laisse quelque chose ; que tu sois heureuse et que tu apprennes à l'être. Recherche le bonheur, c'est un devoir ; mais ne fais pas passer le tien en premier ; recherche celui des autres, et tu trouveras le tien.

... Oui, pour nous deux, nos pas sont bien petits et bien chancelants dans le chemin que nous avons choisi, mais ils deviendront fermes et notre marche plus rapide. Par la nouvelle naissance, ou naissance d'En Haut, le fondement d'une nouvelle construction a été posé en nous. Sur ce fondement le Saint-Esprit, comme un divin architecte, se met à bâtir, et il persévère jusqu'au complet achèvement, ou à la parfaite ressemblance avec le Modèle éternel (2 Cor. 3 : 18).

A sa sœur :

21 septembre 1909.

Je suis maintenant, — et je voudrais tant que tu le sois aussi, — entourée comme d'une lumière éblouissante ; je suis heureuse, plus qu'heureuse, j'ai tout donné à Dieu. Mais pour en arriver là, Dieu m'a fait passer par des luttes terribles, par des doutes affreux.

Tu sais, quelquefois, lorsque tu avais de ces doutes, je ne te comprenais pas bien ; l'existence de Dieu, son amour, tout cela me paraissait plus qu'évident. Mais, à la Convention de Chexbres, c'était comme si Dieu se voilait et me livrait à moi-même et au mal. Tous ces cantiques qui résonnaient à mon oreille, ce langage chrétien dans toutes les bouches me repoussait. Maman ne savait pas ce que j'avais. Je ne suis pas allée dîner ce jour-là, et, dans ma chambre, je sanglotais. Oh ! c'était si affreux, je ne pouvais pas prier...

Peu à peu je sentais que Dieu me demandait de me donner à Lui tout entière, et je voyais clairement à ce moment tout ce que cela signifiait, si clairement que je reculais devant ce don et ce sacrifice complet. Se donner pour la vie entière, sans restriction, à un Etre dit notre Créateur, mais que personne n'a vu ni ne connaît ! Je ne le pouvais pas...

Le lendemain matin, j'étais si malheureuse que j'ai laissé la tente et ses réunions et je suis descendue au bord du lac. Après avoir escaladé la barrière d'un embarcadère, je me suis blottie sur de gros rochers, tout au bord de l'eau. Et là, j'ai crié à Dieu et je Lui ai dit que je ne partirais pas de là avant qu'Il ait remporté pour Lui la victoire en moi.

Après de nouvelles luttes, tout d'un coup j'ai pu dire sincèrement : « Je me donne ». Comme c'était beau ! Je me sentais dans les bras du seul Dieu vivant, du Dieu d'amour qui m'avait choisie, qui avait permis ces heures sombres pour que la victoire fût plus parfaite. Dieu est si bon ! Je suis écrasée par la pensée de mon indignité en face de toute Sa bonté.

Chérie, j'avais besoin de t'écrire tout cela. Je ne l'ai dit qu'à maman, et je voudrais que pour tous les autres ce fût ma conduite qui parlât. Je désire que tu saches toute ma joie, tout mon bonheur et tout mon amour pour toi dans mes prières, afin que toutes les deux nous marchions le visage rayonnant et illuminé par la présence de Dieu.

3 octobre 1909.

Dieu me montre maintenant mon péché et m'humilie tellement devant Lui. Combien de mal, de recoins obscurs en moi et que de choses qui ne sont pas selon Sa volonté ! Quel bonheur d'être entre les mains d'un Dieu fidèle et plein d'amour, et d'avoir Sa Parole, si remplie d'admirables promesses !

En automne de cette même année, la santé de Renée donnait de nouveau quelque inquiétude ; une atteinte d'appendicite fut suivie d'une nouvelle manifestation de la fragilité de ses poumons. Voici l'expérience bénie qu'elle raconte dans une lettre datée du château des Bois, du 1er novembre, adressée à sa mère :

Tout notre petit monde va bien, très bien même, et moi la toute première. Oh ! maman chérie, je remercie Dieu de tout mon cœur, car Il m'a guérie. Je m'en vais tout vous raconter. Les premiers jours ici j'étais un peu inquiète, santant une douleur au côté droit. Alors un soir, bien tranquille dans mon lit, j'ai demandé à Dieu de me guérir, et j'ai cru que Dieu était non seulement tout puissant, mais aussi tout amour, et qu'Il le ferait. Effectivement, le lendemain soir je ne sentais plus rien. Comme j'étais heureuse et comme je le suis maintenant ! Dieu me montre que, si mon corps avait besoin d'une guérison, mon âme en a plus besoin encore ; et, en la demandant à Dieu comme la première, je crois qu'Il me l'accorde.

En effet, Dieu a agi merveilleusement ; car Renée a été guérie radicalement de ce mal et n'a plus eu besoin de séjour de montagne.

Je viens de lire un magnifique psaume, le XXme : « Ceux-ci s'appuient sur leurs chars, ceux-là sur leurs chevaux, nous, nous invoquons le nom de l'Eternel notre Dieu. Eux, ils plient et tombent ; nous, nous tenons ferme et restons debout. »

C'est tellement beau, n'est-ce pas ?

A sa sœur :

5 décembre 1909.

Si tu es triste, renferme cette tristesse, console ceux qui près de toi sont encore plus tristes...

Je voudrais que tu sois bien heureuse, et si je te donnais un conseil, je te dirais : Cherche à procurer chaque jour une joie à quelqu'un. J'ai cherché à le faire ces derniers jours, et lorsque j'y ai réussi, j'étais très heureuse le soir. Ce ne sont, en général, que de très petites choses que nous pouvons faire, mais c'est toujours cela.

A sa sœur :

Vufflens, 23 mars 1910.

Nous voilà à Vufflens, et nous jouissons intensément des vacances, des ravins, du beau temps ! Nous sommes toute la journée dehors, faisant des courses effrénées, lançant des ponts de pierres sur la rivière. C'est délicieux, les petits jubilent. Dans quelques semaines, dans quelques jours, nous allons te revoir ! quel bonheur ! Qui de nous s'en réjouit le plus ? Bientôt ce sera mon tour de partir pour l'Angleterre. Je crois que pour moi l'envie de revenir à la maison sera plus forte que pour vous. On verra. C'est un sentiment assez agréable de sentir devant soi l'inconnu. Enfin, je crois une chose, c'est que partout l'on peut et l'on doit être heureux et joyeux. Sœur chérie, ne deviens ni trop sérieuse, ni trop savante, sois encore un peu enfant. Quand nous serons à Crans, nous t'emmènerons faire des courses folles, riant, chantant, sautant de joie, nous jouirons de tout, mais surtout de s'aimer et de sentir qu'on s'aime.

J'ai une foule de projets pour ces grandes vacances ; dessiner, peindre, faire de la botanique, cela est passionnant ! La vie est si riche, si pleine, la nature si grande, si remplie de magnificences ! Je plains tant les gens qui s'ennuient, c'est si peu naturel. Nous devons jouir de tout. Dieu a voulu notre bonheur, et l'un de ses commandements est d'être toujours joyeux.

Chapitre II

EN ANGLETERRE
1910-1911

PREMIER APPEL POUR LA MISSION

En juillet 1910, Renée accompagnée de sa mère, partait pour l'Angleterre où elle allait passer une année.

Un premier séjour à Keswick, pour participer à la Convention chrétienne qui se tient là chaque année, la mit en contact avec la vie religieuse anglaise et lui ouvrit des horizons nouveaux. Après le départ de sa mère, Renée va rejoindre à Sandown, au bord de la mer, une mission spéciale pour les enfants et la jeunesse qui fréquentent les plages en été. C'est là qu'elle fera ses premières armes dans l'évangélisation.

... Si Dieu veut se servir de moi pour attirer une âme à Lui, quelle joie profonde j'en aurai !

A sa mère:

Sandown, 10 oût 1910.

... Ce séjour ici fait grand bien à ma timidité. Dimanche, au sortir des églises, nous avons distribué des programmes de la mission. Lundi, premier service sur la plage, une immense plage, que deux d'entre nous parcourent en invitant les enfants à participer à des cultes en plein air. Ce matin, c'était mon tour, ce n'est pas très facile pour moi, à cause de la langue. Il y a parfois des groupes de famille fort intimidants à aborder ; mais j'avais cette parole avec moi : « Je puis tout par Christ qui me fortifie », et j'ai été de l'avant aussi crânement que possible.

Dieu m'a montré que, si je ne pouvais pas encore agir extérieurement, je pouvais avoir une activité intérieure, la prière, et c'est la plus belle de toutes.

4 septembre 1910.

On m'a demandé de parler à notre dernière réunion. Parler en anglais ! J'ai pensé que, si Dieu me le demandait, Il me donnerait le message et les mots pour le rendre, et j'ai dit oui. Je sais que par moi-même je ne puis rien, mais « Dieu a choisi les choses faibles du monde, celles qui ne sont rien »...

J'ai essayé de leur dire que la vie chrétienne

est la seule heureuse. Eccl. 8 : 12. « Ses pensées pour chacun de nous sont des pensées de paix. » Jér. 29 : 11 « Une joie éternelle couronnera la tête des rachetés de l'Eternel ». — Es. 35 : 10.

... « Vous avez tout pleinement en Lui » — je voudrais dire cela au monde entier. On jouit tellement plus de tout ce que la vie peut donner en connaissant Christ. Je suis mille fois heureuse de me sentir conduite par Lui et de pouvoir faire quelque chose pour Lui.

Voici quelques fragments d'une correspondance adressée à sa petite sœur Odette de douze ans qu'elle a toujours entourée d'une tendresse spéciale et sur laquelle elle a eu une très grande influence :

Août et septembre 1910.

... Tu sais, quand on aime, on voudrait faire quelque chose pour celui qu'on aime. Ce que je peux faire pour toi, c'est prier, et à ton tour, si tu m'aimes, tu peux prier pour moi. Je sais que tu le fais, et j'en ai besoin.

Veux-tu que je te dise quelque chose ? il y a quelqu'un qui t'aime, et qui ne s'est pas contenté de prier pour toi, mais qui, parce que tu en avais besoin, s'est donné entièrement jusqu'à mourir pour toi ; Il t'a aimée, maintenant aime-Le et donne-toi aussi à Lui. Donne-toi aussi entièrement que Lui s'est donné pour toi, car tu sais, si tu avais besoin du sacrifice de Jésus, Jésus maintenant a besoin de toi, parce que, par toi, Il veut en attirer d'autres à Lui.

... Ce que nous devons chercher à faire, c'est comprendre mieux Jésus et de Le laisser habiter en nous. Nous ne pouvons pas obéir à deux maîtres à la fois ; si nous avons demandé à Jésus de nous diriger, Il empêchera le mal de dominer sur nous, et peu à peu, à mesure que nous serons prêtes à l'accepter, Il entrera dans notre vie jusqu'à ce qu'Il devienne le Maître de notre être tout entier, et ce sera notre bonheur et notre joie d'obéir à Jésus seul.

... N'est-ce pas merveilleux de se dire que Jésus veut se servir de nous ? Il ne faut pas chercher à agir toi-même, mais tu dois tout simplement ouvrir ton cœur bien grand et laisser Jésus entrer et prendre toute la place, et Lui agira par toi. S'il est ton Roi, tu peux dire ce verset : « Le Seigneur est mon aide, je ne craindrai rien, que peuvent me faire les hommes ? » Héb. 13 : 6.

Avec Lui nous sommes forts et nous pouvons supporter les moqueries ; personne ne peut te faire de mal, car c'est Lui qui te garde. Jésus nous a aimés, et Son immense amour a été accompagné d'une immense souffrance. Si nous L'aimons, nous devons aussi souffrir un peu pour Lui, et nous souffrons bien peu en comparaison.

Un seul peut t'aider, c'est le Tout-Puissant : Il est toujours près de toi, et lorsque tu es dans un moment bien difficile, prononce tout bas Son nom dans ton cœur, alors tu pourras remporter la victoire.

A sa sœur Yvonne, au moment de ses examens :
Sandown, août 1910.

Hier, sur mer, comme j'aurais voulu t'avoir avec moi ! je te voyais plongée dans d'arides thèmes latins et j'aurais voulu te faire partager tout ce dont je jouissais.

... Ta vie d'étude et de travail est très belle. Quel privilège de pouvoir apprendre tant de choses et élargir ainsi ton esprit ! Dieu a besoin de serviteurs intelligents, remplis de connaissance et de sagesse. Je Lui demande que tu deviennes une de ces servantes-là.

Fragment. Août 1910.

...Dieu a soigneusement préparé, pour chacun de nous, un plan pour notre vie. *C'est le meilleur plan.*

Car Dieu est ambitieux pour nous, plus ambitieux encore que nous ne le sommes nous-mêmes.

Il nous faut être prêts à entrer dans le plan

de Dieu, qu'Il ne peut réaliser qu'avec notre consentement.

« Afin qu'Il accomplisse par Sa puissance tous les *desseins bienveillants de sa bonté*... pour que le nom de notre Seigneur Jésus-Christ soit glorifié. »

...Plus je cherche à comprendre, et plus je sens qu'une volonté supérieure conduit et dirige mes pas.

Personne ne peut sonder les voies de Dieu. Mais c'est justement lorsque nous ne comprenons pas, qu'il *faut* nous confier en Dieu. Lorsque nous marchons dans l'obscurité, il faut nous laisser guider par Lui. *Il nous conduira.*

A son père:

Sandown, 17 août 1910.

Merci de vos bons conseils ; j'aime à les recevoir et j'essaie de les suivre.

Ce qui me frappe ici, c'est de trouver chez les Anglais une grande liberté, une grande indépendance, jointe au manque absolu de la peur du « qu'en dira-t-on ». Partout, dans n'importe quel but, vous pouvez tenir une réunion en plein air ; seules, deux conditions sont requises : Ne pas nier Dieu, ni parler contre le Roi. Ainsi chacun déclare ce qu'il pense et ne met pas son drapeau dans sa poche. C'est une grande qualité, et cet exemple m'est très salutaire.

... Une autre chose frappante est de voir l'association des jeux et sports avec le sérieux de la vie chrétienne. Je vous assure que notre vie ici n'est que joie et gaîté. Elle est si bien remplie que j'ai beaucoup de peine à trouver le temps d'écrire, aussi ce matin j'étais contente de voir tomber la pluie pour pouvoir le faire. S'il faisait beau, je serais maintenant dans l'eau, nageant comme un poisson.

Mon séjour à l'étranger éveille en moi de nouvelles curiosités, un désir de voir et de connaître un peu le monde. Comme vous le dites, il faut apprendre à observer pour pouvoir juger et apprécier les choses par soi-même. J'aime vos lettres philosophiques, il y a tant de domaines de la pensée que je n'ai jamais abordés et dans lesquels vous pouvez me conduire.

En septembre, Renée, invitée par une amie, va faire un séjour plein de charme au sein d'une nombreuse et joyeuse famille dans le Lincolnshire. Avec son ardeur habituelle, elle participe à tous les jeux et sports anglais, hockey, tennis, golf, courses à pied et à cheval. Elle jouit intensément de la vie à la campagne. « Les Anglais sont uniques pour jouir de la vie, » écrivait-elle.

Quelques visites à Londres et les vacances de Noël passées à Edimbourg dans une famille amie lui donnent l'occasion de voir bien des choses nouvelles pour elle.

C'est à Hastings, dans une famille chrétienne, que Renée va passer l'hiver, pour apprendre l'anglais et suivre des cours dans une école de jeunes filles. C'est là que son âme assoiffée de Dieu trouvera l'atmosphère favorable pour s'épanouir librement au contact de l'amour de Dieu, et étudier fidèlement sa Parole. C'est là qu'elle entendra le premier appel de Dieu pour la mission lointaine.

...Dieu a toujours agi sur les hommes par les hommes. Quoiqu'il semble étrange de le dire, Il a besoin de nous. Par nous Il pourra en attirer d'autres à Lui. Nous devons être *le canal de la grâce* de Dieu. Mais il faut d'abord que le Saint-Esprit nous purifie et nous dépouille de nous-mêmes. Il faut qu'Il vienne couper et retrancher tout ce qui dans notre vie peut empêcher son œuvre. Cela fait souffrir, mais la souffrance épure.

A sa mère :

Hastings, 10 octobre 1910.

Je voudrais aujourd'hui vous parler très intimement... ; je m'imagine que vous êtes ici tout près de moi et que je vous parle à cœur ouvert.

Vous souvenez-vous du texte que vous m'avez donné l'année dernière ? Il me revient sans cesse à la pensée : « Ce n'est pas vous qui m'avez choisi, mais moi je vous ai choisis et je vous ai établis afin que vous portiez du fruit et que votre fruit demeure ». Ne pensez-vous pas que Dieu choisit des hommes et des femmes pour les appeler tout spécialement à son service ? Le monde a tellement besoin de Jésus. Jésus a tellement besoin de témoins. J'ai senti ces derniers temps qu'Il était très près de moi, j'ai entendu comme un appel de sa part, j'ai répondu et je réponds de tout mon cœur : « Me voici, sers-toi de moi pour attirer des âmes à Toi ». N'est-ce pas Dieu Lui-même qui met en nous ces profonds désirs de Le servir, ces grandes ambitions pour l'avancement de Son règne ? Si c'est Lui qui les a créées en nous, c'est Lui aussi qui les réalisera.

Quelle sera et où sera la tâche que Dieu a préparée pour moi ? Je suis prête à aller pour Lui là où Il aura besoin de moi. Maintenant je veux être fidèle dans ma tâche journalière, je veux me tenir aux pieds de mon divin Maître et me laisser instruire par Lui. Nous ne pouvons donner au monde que ce que nous avons reçu de Dieu.

Oh ! pouvoir répandre autour de soi ce qui donne la vie, l'amour du Christ ! Dieu nous en donnera la puissance.

Dieu est si bon, Il fait tant pour moi, mon cœur est rempli d'une immense reconnaissance.

Les richesses de Sa grâce sont pour chacun de nous personnellement, elles nous submergent, et je sens profondément que la vie chrétienne est la seule vraiment heureuse et joyeuse. Les heures sombres et les sacrifices qui se trouvent sur le chemin de celui qui suit Jésus sont peu de chose en comparaison de la paix profonde qu'Il donne.

Je voudrais trouver les mots pour vous dire tout ce qu'Il est devenu pour moi : mon Sauveur, mon Confident ; Celui qui est toujours là et qui veut habiter en moi. Il est *tout* pour moi, et je puis dire du plus profond de mon cœur qu'Il me satisfait. Et vous le savez bien, quand on possède un si grand trésor, quand on a trouvé la perle de grand prix, on n'a qu'un désir, Le faire connaître à d'autres.

A sa sœur Yvonne:

Hastings, 23 octobre 1910.

C'est à toi la première que je confie ce que Dieu m'a révélé, ce qui se passe entre Lui et moi.

Je crois que Dieu m'appelle à devenir missionnaire.

Depuis que je suis en Angleterre, Dieu semblait sans cesse me dire : « Je t'ai choisie pour être Ma servante ».

Toutes les fois que j'entendais parler des missions, quelque chose vibrait en moi, mais je ne voulais pas chercher à diriger moi-même ma vie, sans entendre un réel appel de Dieu. Alors j'ai prié, beaucoup prié, pour que Dieu me révèle le plan qu'Il avait formé pour mon avenir. Je pensais continuellement à cela, et un dimanche matin, en allant à l'église, j'ai tout d'un coup senti en moi que c'était là la pensée de Dieu. Mais tu sais comme c'est facile de se figurer les choses que l'on désire. Assise à l'église pendant le service, je me suis dit que, si Dieu m'avait réellement parlé, Il me confirmerait son message maintenant par le moyen de Son ministre, et voilà que le sermon était un appel pour la mission ! Pour la mission aux Indes !

Il faut des femmes missionnaires pour pénétrer dans les zénanas. Je pourrais te parler longtemps de ce que j'ai entendu des pauvres petites veuves hindoues. Elles sont si malheureuses ; l'une d'entre elles écrivait une fois à une missionnaire pour lui demander une médecine qui la ferait mourir.

Oh ! que de souffrances là-bas et dans le monde entier ! Si nous souffrons d'en entendre parler, combien plus Jésus doit-il souffrir, et combien son cœur aimant doit saigner à la vue de tous ces êtres bien-aimés qui sont dans les ténèbres !

Il a besoin de nous pour révéler son amour. Voici ce que dit S. D. Gordon : « Aujourd'hui les mains des païens, tendues pour demander l'Evangile, sont plus nombreuses que les mains des chrétiens qui le leur apportent. »

A sa mère:

Novembre 1910.

Ma lettre à Yvonne est toute pour vous. Avant de l'envoyer, j'ai voulu posséder la certitude de l'appel de Dieu, et je Lui ai demandé hier soir de me donner cette certitude si c'était Sa volonté : — « Il appelle par leur nom les brebis qui Lui appartiennent, Il les conduit, Il marche devant elles et les brebis Le suivent, parce qu'elles connaissent sa voix. » — Ce que j'ai demandé à Dieu très ardemment, c'est de ne pas me laisser faire un faux pas. Je sais qu'Il ne me permettrait pas de vous envoyer cette lettre si je me trompais.

Hier soir, après Lui avoir demandé de me montrer clairement sa volonté, je me suis endormie confiante dans ses promesses.

Je ne dormais pas depuis longtemps lorsqu'en rêve j'ai vu une main tendue qui, en me faisant signe de venir, semblait m'appeler. Cela était si réel que je me rappelle avoir crié (en anglais) : « Qui est là ? » J'ai sauté hors de mon lit, mais sitôt la bougie allumée, tout avait disparu. Le premier mouvement de frayeur passé, j'ai pensé ou plutôt Dieu a mis en moi la pensée que cette main était une des nombreuses mains qui se tendent vers nous pour demander l'Evangile.

Oh ! maman chérie, c'est si magnifique d'être choisie pour porter au loin l'histoire de Jésus ! Je me sens tout à fait indigne, et par moi-même bien incapable ; mais je sais que Jésus ne nous demande pas de travailler nous-mêmes, mais seulement de Le laisser travailler par nous.

...Lisez ma dernière lettre à papa. Tout le monde doit savoir que ma vie est consacrée à Dieu, et que, lorsqu'Il m'appellera directement dans son champ de travail, c'est avec joie que je répondrai et que j'annoncerai son merveilleux message à ceux qui ne l'ont jamais entendu.

A son père :

Novembre.

Je crois que chaque personne, en sortant de l'enfance et de la dépendance de ceux qui l'entourent, en voyant la vie s'ouvrir devant elle cherche à trouver le but qu'elle donnera à sa propre vie, but en vue duquel elle agira toujours et qui sera l'inspiration de sa vie.

Je ne sais pas si tout le monde a trouvé un tel but, mais je sais que tous ceux qui portent avec joie le nom de chrétiens ont devant eux un grand et magnifique but, et celui-là est le mien : faire connaître Christ, ou plutôt, et plus simplement, Le servir.

Si c'est dans la mission lointaine que Dieu m'appelle, est-ce que vous me donnerez à Lui pour cela ?

Novembre 1910.

C'est lorsque nous nous tenons longtemps en silence devant Dieu qu'Il peut parler. Discerner Sa voix n'est pas facile au commencement ; comme pour toute autre chose cela demande de la pratique. J'ai fait l'expérience de cette difficulté.

Lorsque j'ai reçu l'appel de Dieu pour la la Mission, j'ai passé par des doutes, des hésitations, avant d'y croire de tout mon cœur. Je craignais de me laisser entraîner par ma propre imagination.

Un verset m'a beaucoup aidée : « *Or nous, nous avons la pensée de Christ.* »

Nous qui appartenons à Dieu, nous ne sommes pas seulement Sa possession, mais aussi *Sa demeure.*

Son Saint-Esprit demeure en nous.

Mon grand désir de Le servir ne vient pas de moi, mais de Lui.

Si ces derniers temps, par divers moyens, Il m'a parlé du besoin des païens, c'est qu'Il veut me préparer et me donner d'être un instrument par lequel Il agira.

J'aime beaucoup lire les passages où saint Paul parle de son ministère parmi les païens. Il était dispensateur du grand mystère de Dieu, savoir que la bonne nouvelle de l'Evangile était pour le monde entier.

Le chrétien devrait avoir un horizon plus étendu. Ses pensées ne devraient pas s'arrêter à ce qui l'entoure ; elles devraient embrasser le monde.

C'est magnifique d'entrevoir la grandeur de notre vocation d'ambassadeurs de Christ.

Je constate que les prières que Dieu bénit le plus sont les prières que je lui adresse pour les autres.

Je me suis procuré une carte du monde qui indique les différentes religions, et je l'ai piquée dans ma chambre. Chaque jour, je prie pour un des continents. Mes prières sont bien faibles, mais Dieu m'enseignera à intercéder.

Le monde a besoin de nos prières.

Dieu aussi en a besoin.

Prions pour les païens.

Non seulement Dieu agira là où nous lui demanderons d'agir, mais nos prières nous seront en bénédiction et nous apporteront plus de richesse et de joie que celles que nous ferions pour nous-mêmes.

A sa cousine:

Hastings, 1er décembre 1910.

Oui, il m'a semblé entendre un réel appel de Dieu pour la mission. Je lui avais demandé avec tant d'ardeur Ses plans à mon égard, il me semblait dur d'attendre, j'aurais voulu que toute l'énergie dépensée à jouer au hockey ou au golf fût dépensée au service de mon Maître. Mais peu à peu je comprends combien Dieu a besoin de préparer Ses serviteurs.

...Ce qui importe, c'est d'être prêt à répondre à l'appel, et puis de vivre très près de Dieu, afin d'entendre l'appel bien clairement lorsqu'il viendra.

...Combien j'ai besoin de savoir que je suis conduite par Dieu. De nombreuses questions, des hésitations, des moments de trouble et d'angoisse m'assaillent quelquefois ; de grands pourquoi auxquels je ne puis répondre. Dans ces moments-là, je n'ai qu'une chose à faire, écouter la voix de mon Roi, ouvrir Sa parole, et Celui qui m'a prise à Sa charge dès mon origine, Celui à qui tu appartiens aussi, me calme et me remplit de Sa paix qui surpasse toute intelligence.

Oh ! viens aussi écouter Sa voix ! Il te conduira dans la tâche qu'Il t'a préparée, et rappelle-toi qu'Il est plus ambitieux pour ta vie que tu ne l'es toi-même.

A sa sœur Anne:

C'est si bon d'avoir la vision de ce que sera ma vie.

Mon but est de faire des études de garde-malade en vue de la Mission.

Je voudrais me mettre de suite à l'œuvre, mais je sais que Dieu a fixé l'heure de Son appel.

Ce ne sera peut-être que dans bien des années, et je pense aux trente longues années où Jésus a vécu ignoré et inconnu.

Quelle longue et patiente attente avant que l'heure de Dieu ne sonne.

Fragment de lettre.

Il faut chaque matin de bonne heure venir rencontrer Christ.

L'écouter pour pouvoir pendant la journée Lui *obéir.*

Heureux celui que Tu choisis et que Tu admets en *Ta présence.*

Vivre dans cette Présence, entièrement, continuellement. N'est-ce pas là ce qui est le plus important pour nous ?

Je comprends toujours plus et mieux l'importance sans limite de l'instant consacré à Dieu le matin. *C'est la vie de notre âme.*

Dieu cherche à se révéler à nous, et c'est dans ce moment-là qu'Il peut le faire.

A sa mère:

10 décembre 1910.

...Comme cela est vrai, « la paix de Dieu qui surpasse toute intelligence ! » Ce matin mon cœur en est rempli. L'immensité de l'amour de Dieu est incompréhensible. Comme Il doit être peiné de nous voir nous troubler ou nous agiter à propos de ce qu'Il nous a réservé et de Ses plans à notre égard ! Tant que nous sommes prêts à obéir, tout va bien. Il est quelquefois difficile de discerner Sa voix. Quand elle se fait entendre, on ne peut pas se méprendre, mais nous ne sommes pas toujours assez près de Lui pour l'entendre.

Edimbourg, décembre 1910.

C'est délicieux de me trouver ici, où mes sœurs ont passé tant d'heureux moments. Mrs Lunn m'a accueillie les bras ouverts avec un de ces baisers qui nous mettent à l'aise tout de suite. Tout le monde est si gentil !

Hastings, février 1911.

...C'est étrange de rencontrer des chrétiens tristes et maussades. Je sais bien que Dieu envoie parfois des épreuves et éduque Ses enfants en les faisant passer par la souffrance, mais rien ne doit nous ôter la paix profonde de Christ et la joie de Son pardon.

Je dois apprendre à vivre dans sa présence, la saisir à chaque instant, et pas seulement lorsque je suis à genoux.

Oh ! comme le péché et l'indifférence m'éloignent encore de Dieu ! Mais Christ me prend à son école, et par Son amour et Sa patience il m'apprendra à jouir de Sa présence et me donnera la victoire sur moi-même.

Merci, mère chérie, pour tout ce que vous avez fait pour moi. Je sens que je dois tant à votre amour et à vos prières. C'est vous qui avez mis devant moi le but auquel seul ma vie doit tendre : glorifier Dieu.

C'est si bon de se sentir unies dans le même idéal.

Mars 1911.

...Les voies de Dieu sont des voies naturelles ; je veux dire qu'Il agit en nous comme Il agit dans la nature, lentement, mais sûrement.

Je pense que, pour notre transformation, il faut l'acte décisif qui nous jette dans les bras de Dieu ; une fois là, c'est pas après pas qu'on avance, conduit par Dieu.

Plus de confiance, voilà ce qu'il nous faut. Dieu achèvera l'œuvre commencée, malgré les retards que nous pouvons occasionner.

A la suite de cette affirmation, citons ce fragment d'une lettre qu'elle adressait à sa sœur peu après son retour d'Angleterre :

Crans, 29 juillet 1911.

...Nous sommes entre les mains d'un plus fort que Satan, et que nous-mêmes. Moi aussi j'ai à lutter contre le péché, mais Dieu a vaincu pour moi.

Quand je considère la transformation qu'Il a

opérée en moi pour ma timidité, je ne dois plus douter, je ne le peux plus, car Il a agi merveilleusement.

Plus tard, elle écrivait à sa sœur :

...Dieu délivre, mais Satan est toujours là prêt à nous faire tomber, il nous attaque sans en avoir l'air, et si nous laissons s'interrompre notre communion avec Dieu, nous succombons.

...Il y a une joie immense à savoir qu'il n'y a plus de barrière entre Dieu et nous. Le péché qui nous séparait a été vaincu par Christ : « Sachant que notre vieil homme a été crucifié avec Lui, afin que le corps du péché fut frappé d'impuissance et que nous ne soyons plus asservis au péché. » (Rom. 6 : 6.)

Que tout cela est beau, plein de mystère, mais plein de réalité aussi. Confiance avant tout, Il est puissant et il nous aime. Veillons et prions. La victoire, Dieu nous l'a promise, elle est à nous.

Plus tard encore, à une amie :

... Tu me dis que des luttes, des angoisses, des souffrances, des tentations de toutes sortes te voilent parfois le Christ. Chérie, il nous faut à tout prix arriver à une victoire sur le péché.

Rien ne doit ni ne peut nous voiler la face du Christ, sinon le mal auquel nous succombons.

Dans ma vie, j'ai passé par des moments de lutte contre le péché, je sentais le mal, je le voyais en moi, je voulais faire le bien, et j'étais captive du péché. Tu as peut-être passé par là, et tu connais ces moments d'angoisse où l'on se sent terrassé par un ennemi plus fort que soi. Mais n'oublions pas que Christ a vaincu. C'est pour le péché qu'Il est mort. Il nous a affranchis du péché.

En tous cas bon courage !

L'apôtre Paul a fait aussi l'expérience du péché qui nous pousse là où nous ne voulons pas aller ; mais il saisit la délivrance en Jésus-Christ et a pu s'écrier : « En toutes ces choses nous sommes plus que vainqueurs par celui qui nous a aimés. »

Lorsque nous aurons fait cette expérience victorieuse sur le péché dans notre cœur, alors nous pourrons parler au monde avec autorité de la puissance du Christ.

Chapitre III.

BON SECOURS [1]

1911-1914

ÉTUDES D'INFIRMIÈRE ET SOINS AUX MALADES

A son retour d'Angleterre, Renée gardait au fond du cœur l'appel qu'elle avait reçu pour la mission. De tout temps elle avait désiré faire des études de garde-malades. Ces études lui parurent une préparation utile à sa future carrière missionnaire. Elle était douée pour cette vocation. Son besoin de dévouement, son désir de remplir utilement sa vie, allaient trouver là un vaste champ d'action.

— Ce serait un bien grand privilège, écrivait-elle, si, en apportant quelque secours aux corps, Dieu se servait peut-être de moi pour soulager aussi quelques âmes. —

[1] Le Bon Secours, école privée et internat de gardes-malades, à Genève, donne une instruction professionnelle à des jeunes filles de la classe cultivée, soit pour les préparer aux œuvres philanthropiques, soit pour les mettre à même de pratiquer comme infirmières.

Carnet intime.

1er janvier 1912.

Voici, je viens, ô Dieu, pour faire Ta Volonté.

Carnet intime. Février 1912.

Mon Dieu, Tu t'es révélé à moi, Tu m'as saisie, et *je possède la seule joie parfaite.* Maintenant révèle-Toi à d'autres par ma vie, et apprends-moi à parler de Toi.

« J'enseignerai tes voies à ceux qui les transgressent et les pécheurs reviendront à toi. » (Ps. 51 : 15.)

A sa mère, peu après son entrée au Bon Secours :

Je voudrais avoir un cœur immense et capable d'aimer un peu comme Dieu les aime ces pauvres créatures humaines ; je voudrais qu'elles comprissent que c'est par amour que je viens les soigner, et que, si je les aime, c'est qu'il y en a Un qui les a aimées et qui a tant fait pour elles.

Carnet intime. 18 septembre 1912.

Seigneur, Tu es la seule et la vraie réalité. Donne-moi de Te saisir tellement puissamment que rien ne puisse me détourner, me faire hésiter, douter, trembler.

L'homme n'est rien, impuissant. Tu le fais naître, vivre et mourir. Comme il y en a peu,

Seigneur, qui Te reconnaissent comme le Tout-puissant. Oh ! révèle-Toi au monde.

Tu es à moi, je suis à Toi. Quelle paix immense remplit mon cœur, et combien je voudrais qu'elle remplisse le cœur de tous mes bien-aimés !

...Je dirai la splendeur glorieuse de Ta majesté. *Je chanterai Tes merveilles. Et je raconterai Ta grandeur.* Qu'on proclame le souvenir de Ton immense bonté et qu'on célèbre Ta justice. (Ps. 145 : 5-7.)

O Seigneur ! *il faut* que je parle de Toi, que je dise ce que Tu as fait et ce que Tu es pour moi. Je ne le puis par moi-même. Tu connais ma lâcheté et ma faiblesse. Aide-moi, donne-moi de le faire aujourd'hui.

Dieu ne nous a pas donné un Esprit de lâcheté, mais un Esprit de force, d'amour et de sagesse. N'aie donc point honte du témoignage à rendre à notre Seigneur.

...Je ne fais rien de moi-même. Je ne *puis* rien faire de moi-même. Sans la grâce je ne puis *rien.* Avec la grâce je puis *tout* pour Christ.

A un cousin : 18 septembre 1912.

... De plus en plus je vois la puissance de l'amour que l'on répand autour de soi. J'aime tellement l'expression biblique qui l'appelle « le lien de la perfection » ou « une voie par excellence ». Je m'attache à mon travail et l'offre à Dieu. Il peut à travers ses serviteurs faire rayonner un peu de son amour.

Pendant son stage à Bel-Air, dans la maison des aliénés :

Ce qui est plus triste que tout le reste, c'est de voir la vie de l'esprit, du cœur et de l'âme éteinte avant celle du corps. C'est tellement étrange et incompréhensible ; hier soir j'en étais toute troublée ; mais, vous savez, une force toute spéciale me sera donnée, et ce matin j'ai lu ce beau passage : « Ses mains ont été fortifiées par les mains du Puissant de Jacob. »

Hôpital, hiver 1912.

J'ai dans ma salle des malades intéressantes, auxquelles je m'attache. Une d'entre elles est touchante dans sa foi ; les docteurs ont tout essayé sans succès ; « Dieu seul peut agir », me disait-elle, « Il a la toute-puissance et Il est infiniment bon ». Je prie pour elle, et je voudrais que Dieu fît un miracle.

Je me demande pourquoi les chrétiens réalisent, si peu, dans leurs vies, quelque chose de la puissance que le Christ a donnée à ses disciples. Avons-nous le droit de demander des miracles ? Si nous l'avons, nos vies sont-elles assez dépouillées de nous-mêmes pour que Dieu nous exauce ? Je crois que nous devrions imiter davantage la vie du Christ et de ses disciples, et vivre d'une vie simple, dépouillée de tous ces biens terrestres auxquels nous sommes si attachés : — Allez... prêchez... guérissez... réssuscitez... purifiez... vous avez reçu gratuitement, donnez gratuitement. Ne prenez ni or, ni argent, ni sac, ni deux tuniques, ni souliers, ni bâton.

Comment réaliser cette vie-là au milieu de tant de richesses ? En étant entièrement détachée en esprit de tous ces biens, comme ne les possédant pas, mais étant responsable de la manière de les gérer.

A sa sœur :

Je viens te dire : « Courage ! » Il faut apprendre dans la vie à s'oublier soi-même, c'est ainsi qu'on est le plus heureux. En faisant le sacrifice de sa vie, on se figure qu'on la perd, mais on la retrouve au double : une puissance plus grande agit en nous. Vois-tu, j'ai une telle paix parce que ma vie est entre Ses mains. Je ne veux plus avoir aucune ambition, aucun désir personnel.

... Je voudrais être une âme forte, sur laquelle Dieu pût compter. Je voudrais, en obéissant à Ses commandements, devenir une amie du Seigneur, afin qu'Il puisse me faire comprendre Ses plans et me permettre de collaborer avec Lui. (Jean 15 : 14-15.)

Fragment d'une lettre.

Avant d'entreprendre une activité extérieure, il faut une préparation intérieure, il faut ce complet anéantissement du « moi » qui est si long à tuer.

Dans cette lutte il faut combattre uniquement par la foi ; on se croit capable de se vaincre soi-même, mais ce n'est que pour tomber plus bas encore.

Christ a vaincu pour nous et nous offre cette sanctification que nous n'avons qu'à recevoir de Lui.

Celui qui arrivera le plus vite au but sera bien celui qui saura le mieux *recevoir* tout simplement les dons immenses de Dieu.

A son amie E. R. :

Juillet 1912.

C'est si bon de pouvoir tout Lui remettre. Je fais journellement l'expérience qu'Il conduit ses enfants par des chemins parfois douloureux et que nous n'aurions certes pas choisis, mais qui sont les plus propres à nous Le faire connaître.

La connaissance de Dieu est la seule chose nécessaire, et nous avons de grands progrès à faire pour la pénétrer et la posséder plus complètement.

Christ devient toujours plus pour moi la seule réalité qui existe ; la vie est transformée avec Lui, il y a tant de possibilités qui s'ouvrent devant nous. Nous avons de grandes ambitions pour nos vies, mais Lui en a de plus grandes encore ; Il connaît si bien nos capacités; si nous Lui abandonnons tout, Il saura les développer et ouvrir devant nous le chemin dans lequel nos vies seront le plus riches pour les autres.

Ce qui depuis quelque temps me paraît de plus en plus évident, c'est que Dieu ne peut pas se servir de moi imparfaite et souillée comme je le suis ; il Lui faut des instruments purs, des canaux nettoyés de toute attache personnelle.

Mon but est donc de tendre de toute la force de mon être à la sanctification que Dieu m'offre et que je veux saisir par la foi.

Marche devant ma face, et sois *intègre,* ou *parfait.* (Gen. 17 : 1.)

A un cousin: 7 novembre.

... Je sais qu'une vie livrée à Christ tout entière peut être extraordinairement riche et puissante. Dieu m'a donné des expériences qui m'ont fait réaliser sa puissance et les transformations qu'Il opère.

Novembre 1912.

... J'ai repris mon stage à Bel-Air, et j'ai été contente d'y retrouver la petite infirmière dont je m'étais occupée. Je me sens envers elle une grande responsabilité, car je m'aperçois qu'elle regarde à moi un peu comme à un modèle. Elle me disait l'autre jour : « J'ai failli me mettre en colère ; ce qui m'a empêchée de le faire, c'est que je vous sentais là tout près, dans la salle à côté. » Elle lit maintenant sa Bible régulièrement, et lorsque je lui ai dit que chaque matin j'inscrivais dans mon agenda un « verset » comme une « merveille » de la Parole de Dieu, pour le graver mieux dans ma mémoire, elle m'a répondu : « Tout ce que je lis est si nouveau pour moi que je n'ai pas besoin de l'écrire pour me le rappeler ».

Carnet intime. 31 décembre 1912.

Souviens-toi de tout le chemin que l'Eternel ton Dieu t'a fait parcourir... afin de t'humilier et de t'éprouver.

...Il te purifiera... et t'épurera comme on épure l'or et l'argent.

Je porterai ma main sur toi,
Je fondrai tes scories,

J'enlèverai toutes tes parcelles de plomb.

...Afin que l'épreuve de votre foi, plus précieuse que l'or périssable, ait pour résultat la louange, la gloire et l'honneur.

Résolutions pour 1913.

Etre une âme sur laquelle Dieu puisse compter.

Attirer par ma vie d'autres à Christ.

Comprendre mieux ce qu'est la prière et m'en servir pour les autres.

Donner ce que j'ai reçu.

Vivre d'après mes convictions.

1er janvier 1913.

Jette ton pain à la surface des eaux, car avec le temps tu le retrouveras. (Eccl. 11 : 12.)

Tel qui donne libéralement devient plus riche, et tel qui épargne à l'excès ne fait que s'appauvrir. L'âme bienfaisante sera arrosée et celui qui arrose sera lui-même arrosé. (Prov. 11 : 24-25.)

Celui qui sème abondamment moissonnera abondamment. (II Cor. 9 : 6.)

Ne nous lassons pas de faire le bien. (Gal. 6 : 9.)

Crans, juin 1913.

Mon cœur déborde de reconnaissance et de joie. Je possède tant de trésors, j'aime à les compter tous. Il en est un qui m'est plus précieux que tous les autres, c'est le trésor de l'Evangile, c'est cette paix profonde et inébranlable qui vit au fond de mon âme.

Je voudrais, par ma vie, remercier Celui qui me l'a donnée.

Carnet intime.

19 juin 1913, veille de mon examen.

Ne crains rien, car Je suis avec toi.

Ne promène pas des regards inquiets, car Je suis ton Dieu.

Je te fortifie.

Je viens à ton secours.

Je te soutiens de ma droite triomphante.

(Es. 41 : 10.)

C'est donc avec assurance que nous pouvons dire : « Le Seigneur est mon aide, je ne craindrai rien. » (Héb. 13 : 6.)

20 juin, après l'examen.

Je te célèbre de tout mon cœur. Ta renommée s'est accrue par l'accomplissement de tes promesses. Le jour où je t'ai invoqué, Tu m'as exaucée. Tu m'as rassurée. Tu as fortifié mon âme.

A la fin de ses études, en juillet 1913, le travail ne manqua pas à Renée : direction du dispensaire des Eaux-vives, soins aux malades en ville, travail à la Maternité ; puis, à Crans, organisation d'une maison de convalescence pour ses malades pendant l'été 1914.

C'est au Bon Secours que Renée a rencontré sa précieuse amie, Mlle Genia Menni. Un lien profond s'est établi entre ces deux âmes sœurs, qui vibraient à l'unisson pour toutes les souffrances humaines. Renée avait besoin d'épancher son cœur dans un cœur qui la comprît ; elle était plus que personne sensible aux témoignages d'affection, et la tendre sollicitude, la compréhension dont elle a été l'objet, a été une des grandes joies de sa vie.

Un travail commun, plus tard, auprès des blessés, et une correspondance suivie ont sans cesse fortifié cette intimité, qui n'a jamais eu l'ombre d'un nuage.

La plupart des lettres suivantes sont adressées à son amie :

Juillet 1913.

Je suis troublée du confort dans lequel je vis, en le comparant au dénuement de centaines d'existences. J'ai toujours ce désir ardent, connaître pour moi, — car pour chacun elle est différente, — la vraie, la juste manière de vivre. Comment faire pour partager avec les autres tout ce que je possède et tous mes privilèges ?

1er août 1913.
après avoir terminé le Bon Secours.

« Tu me feras connaître le sentier de la vie. » — Etroite est la porte, resserré le chemin. — *Je suis le chemin.*

Une étape de ma vie vient de finir, je te

demande de me faire connaître le sentier que je dois suivre.

Le Chemin... c'est Toi-même, Seigneur. Que jamais je ne lâche Ta main, Que jamais mes yeux ne quittent les tiens ! Je suis à Toi. Tu es à moi. Quel bonheur infini !

Le Ried, 3 août 1913.

Savez-vous ce que je regrette, en lisant saint François, c'est de n'avoir pas vécu de son temps. J'aurais certainement rejoint sainte Claire. Quelle magnifique communion elle avait avec son Dieu, et par là comme son œuvre a été grande ! Dans la vraie pauvreté, et lorsqu'on a coupé tous les liens qui attachent au monde, il semble que cette communion doive être plus entière, plus complète. Et comme il doit faire bon de ne vivre que pour Dieu et Lui consacrer toutes choses !

Le Ried, 24 août 1913.

Si je vous ouvre toute mon âme, ce n'est pas pour l'étaler au grand jour et ainsi atténuer les bénédictions de Dieu. C'est dans le secret de votre âme que je parle, parce que nous nous comprenons et que nos expériences mutuelles nous aident à avancer.

J'ai reçu en Christ le pardon de mes péchés, vous le savez ; mais je lutte encore parfois avec mes propres forces, et alors je suis vaincue. Or Dieu ne veut pas de cette vie de luttes et de défaites pour ses enfants. Il veut nous rendre toujours victorieux, et Il m'a montré que pour y arriver il fallait abandonner la lutte par moi-même, pour qu'Il puisse prendre toute la place dans mon cœur. Je m'étais déjà donnée à Lui, mais peut-être jamais aussi complètement.

Dieu m'a aussi montré que ma grande affection pour vous ne devait pas entraver ma vie spirituelle, et je Lui ai donné cette affection afin qu'Il la sanctifie. C'est Lui seul qui a la grande, la première place dans mon cœur et dans ma vie.

Depuis cet acte d'abandon, la lutte contre un défaut qui me faisait sans cesse souffrir a disparu. Il est le grand vainqueur ! Et puis les pensées inquiètes pour savoir si je vis de la bonne manière, les plans d'avenir, tout cela aussi n'est plus. Oui, Il est là, qui dirige tout, jusque dans les plus petits détails. Je ne dirai plus : « Je ferai ceci ou cela pour Ton service », mais : « Que veux-tu que je fasse pour Te servir ? » Et sans rien voir à l'avance, je sais qu'Il a préparé un chemin tout spécial que je n'ai qu'à suivre. Toute mon ambition est de rester fidèlement dans Sa communion, pour comprendre toujours quelle est Sa volonté.

... C'est si bon de lire la parole de Dieu, quand Il vous l'explique Lui-même ! L'autre jour je lisais la parabole du fils prodigue, loin de son père, mourant de faim, demandant à ceux qui l'entouraient des carouges pour tromper et apaiser sa faim. Ainsi l'âme humaine loin de Dieu est affamée. Elle peut vivre un certain temps de l'amour imparfait des hommes ; mais s'il vient à manquer, elle meurt de faim. Ce n'est que l'amour parfait du Père qui peut la sauver et la rassasier.

Comme je voudrais que cet amour parfait soit connu de beaucoup d'âmes qui meurent de faim, et comme je voudrais pouvoir révéler ce que j'en connais ! Je vous parle ainsi parce que mon cœur est plein et qu'il déborde.

... Il faut que je vous raconte ce qui s'est passé une nuit. J'ai été réveillée en entendant quelqu'un qui disait : « Retourne-toi, Renée, regarde derrière toi, regarde comme il est beau, le chemin sur lequel nous marchons. » J'ai cru que c'était Dora qui avait parlé, mais elle dormait profondément. Après avoir admiré par la fenêtre ouverte la lune dans le ciel étoilé, je me suis recouchée en pensant que le chemin de la foi sur lequel je voulais marcher était le seul vrai, le seul beau sur la terre.

A son amie E. R. :

Octobre 1913.

Comme c'est bon de trouver de temps en temps sur sa route des étapes de recueillement où l'on peut mieux envisager les questions éternelles, celles qui seules ont de l'importance. Il faut que je vous dise ce que j'ai réalisé ces derniers temps : c'est que le Christ nous a apporté des choses magnifiques et glorieuses, que nous ignorons le plus souvent, ou bien dont nous avons la connaissance théorique sans les pratiquer dans notre vie. Nous nous débattons longtemps dans le péché et essayons de le vaincre nous-mêmes, nous voulons améliorer notre nature, tandis que nous devrions permettre à Christ d'anéantir cette nature et de mettre la sienne à la place.

... Pour moi, c'est mon but : devenir semblable à Lui. Il n'y en a pas de plus beau, qu'en pensez-vous ?

Pendant un séjour à la Maternité :

Octobre 1913.

J'ai une faim et une soif intense du Christ. Tout le reste pour moi pâlit, et je ne veux m'attacher à aucun bien, à côté de ce bien excellent et parfait. Je comprends si bien cette parole de l'apôtre Paul : « Je regarde toutes choses comme une perte, à cause de l'excellence de la connaissance de Jésus-Christ mon Seigneur, pour lequel j'ai renoncé à tout. » Mais vous savez, ce à quoi l'on renonce avec le plus de peine, c'est à ce « moi » qui ne veut pas mourir. Mais Christ a vaincu, Il sera plus que vainqueur en moi aussi.

Pendant les mois de novembre et décembre 1913, Renée dirigea le Dispensaire des Eaux-Vives, à Genève. Ce n'est pas sans hésitation qu'elle accepta cette responsabilité.

... Je reçois une lettre me demandant de me charger du dispensaire des Eaux-Vives. Je me sens bien incapable devant cette tâche. Les docteurs m'effraient, et je n'ai pas l'étoffe d'une directrice.

Bon Secours, 4 novembre 1913.

En reprenant le travail, on côtoie de nouveau la souffrance et la misère. Oh ! qu'elles sont grandes ! Quand je les contemple de près, quelque chose se serre dans ma gorge, et cette pensée de tant d'êtres plongés dans la détresse parce qu'ils ne connaissent pas Dieu m'a toujours tourmentée. Je l'ai dit cet été à un homme tout simple et sans instruction, mais qui est un saint par toute sa vie. Il m'a répondu à peu près ceci : « Ce que Dieu demande de vous, c'est que vous vous approchiez de Lui. Le bon grain tombé dans la terre en rapporte trente, soixante, cent pour un ». Elle est si belle cette pensée qu'une vie vécue en Dieu, par une loi semblable à celle de la nature, reproduira autour d'elle d'autres vies pareilles.

10 novembre 1913.

Je sais bien que je suis trop petite, trop vile, trop imparfaite pour comprendre l'amour de Dieu, qui ne peut être sondé ; mais je sais aussi que, sans le comprendre, je l'ai accepté, et que c'est du fond du cœur que je fais cette prière de l'Imitation : « Attache-moi à Toi par un lien d'amour indissoluble, car seul Tu suffis à celui qui T'aime, et sans Toi le reste n'est rien. »

Décembre 1913.

... J'ai été voir dernièrement un pauvre homme atteint d'un terrible cancer à la tête. Le mal a rongé et détruit une moitié de la figure. C'est une plaie horrible. Je n'ai jamais rencontré chez un malade une patience plus admirable, jamais une plainte, un calme profond.

Un homme atteint dans la force de l'âge par ce mal qu'on ne peut enrayer, qui ronge et qui grandit sans cesse,... il en faut de la soumission et de la douceur, pour ne pas laisser échapper une parole irritée, un reproche, une plainte.

Maintenant il n'est plus, sans bruit il est parti. Ce sont de ces vies admirables, cachées, et que l'on ignore. C'est un héros dans la souffrance.

A Noël 1912 et 1913, Renée réunit dans le salon de ses parents, au Grand Mézel, des malades pauvres et infirmes. Plusieurs infirmières du Bon Secours devaient aussi participer à cette petite fête.

Nous trouvons dans son carnet intime cette prière :

24 décembre 1913, au soir.

La prière que je t'adresse, ô Dieu, et tu sais combien je voudrais que tu l'exauces, c'est de Te révéler avec Ta force et Ta puissance aux âmes de celles qui viendront ici. Je me sens pressée de te prier pour plusieurs d'entre elles ; entends mes prières, mes soupirs, mes demandes, et Toi aussi intercède pour elles.

A son amie E. R. :

Nous avons eu une délicieuse fête de Noël pour nos malades ; il y avait une vingtaine d'enfants et une douzaine de femmes. Maman leur a dit quelques mots qui leur ont donné du courage et de la paix.

31 décembre 1913. Minuit.

En regardant cette année passée, mon cœur est rempli de beaucoup de joie.

De cette joie divine de connaître quelque chose de plus du Christ, d'avoir fait l'expérience de *Sa puissance qui délivre,* et d'être plus pleinement persuadée que c'est cette *vie de victoire* sur mon être propre qu'Il veut me donner d'atteindre, vie de sainteté et de communion avec Dieu.

Ce que je lui demande pour cette nouvelle année, c'est qu'Il me donne une soif ardente de Le connaître et de Le posséder. Qu'il m'apprenne à accepter ce qu'Il offre.

« A celui qui a soif, *je donnerai* de la source de l'eau de la vie *gratuitement.*

» Que celui qui a soif vienne. »

Merci de pouvoir toujours venir à Toi.

La lettre suivante, écrite à Mlle Menni au retour d'un séjour chez elle à Samaden, montre que Renée, malgré toute son activité au dehors, ne négligeait pas ses devoirs de famille.

Genève, février 1914.

A mon arrivée, j'ai trouvé une lettre de Sœur Rose-Marie me demandant de venir travailler à la Maternité ; mais j'ai mon devoir bien marqué à la maison. J'étais contente ce matin lorsque maman, en partant pour Paris, m'a dit : « Je pars sans souci. » — Inès m'appelle sa petite mère, et c'est d'elle surtout que je vais m'occuper... Peu importe le genre de travail ; l'essentiel c'est de rester en communion avec Dieu.

... Inès vient d'avoir toutes ses petites amies, elles se sont bien amusées ; les voilà parties, c'est le calme après le grand brouhaha. En observant ces petits, il est facile de remarquer ce trait caractéristique de la nature humaine, l'égoïsme. Chez les enfants il est naïf, ils n'essayent pas de le simuler ni de lui donner une forme qui le fasse tolérer.

J'ai comparé ces heureux enfants à ceux de Mme P., que je soigne maintenant. Quelle tristesse, quelle amertume doit régner dans leurs petits cœurs ! Une mère malade, irritée, grondant, criant, insultant l'aînée, une fillette de treize ans, qui ne fait pas assez d'ouvrage. Ce ne sont que pleurs et chicanes du matin au soir. On se sent impuissant, mais Dieu peut toucher les cœurs. Lorsqu'il se pose un problème difficile, élevons nos cœurs à Lui, Sa puissance descendra.

Dimanche...

... J'ai eu une très bonne journée ; je le dois peut-être à un plus long moment de recueillement ce matin. J'ai médité la dernière prière de Jésus pour ses disciples. Jamais encore je n'avais si vivement senti son immense amour pour les siens. Après la gloire du Père, Il ne s'occupe que d'eux ; et dans ses requêtes il y a un tel accent de tendresse et d'amour.

« Père, mon désir est que là où je suis, ceux que tu m'as donnés y soient aussi. »

Ce sont les paroles d'un véritable ami ; comme Il connaissait les besoins de notre cœur ! Ce matin j'ai goûté quelque chose de cette amitié-là.

14 février 1914.

... Je ne fais pas de projet, j'ai ce grand désir d'une vie entièrement donnée à ceux qui ont besoin d'amour et qui en sont frustrés, mais je me rappelle cette pensée de Kingsley : « C'est notre orgueil bien plus que notre héroïsme qui s'écrie : — Donnez-moi des montagnes à transporter ! Quant à balayer la poussière... — » Soyons fidèle, Dieu nous augmentera le travail suivant Son bon plaisir.

18 février.

... Ce matin je suis partie seule pour une promenade. J'étais préoccupée, je me posais de graves questions.

Comment, pratiquement, vivre la vie de

Christ ? Pour Le suivre, ne faut-il pas être, comme Lui, libre de tout ce que le monde donne, ne rien posséder, dépendre de Dieu uniquement ? Je mettais devant Lui ce désir : vivre comme Il a vécu.

J'ai ouvert mon petit livre de psaumes, et Dieu m'a parlé. Il m'a répondu par des promesses magnifiques, et je suis rentrée en me répétant les paroles qu'Il venait de me donner.

2 mars 1914.

Je sens si bien que Dieu m'aime et me conduit, et dans chaque détail de mes journées, je reconnais Sa main et Son amour. Il parle si clairement lorsque nous sommes prêts à L'écouter... Chaque jour c'est un ordre et une promesse nouvelle.

Mars.

... Saluez de ma part vos montagnes, que j'aime ; qu'il faisait beau là-haut, au milieu de la grande solitude, loin des hommes et plus près de Dieu !

... Ce matin, je suis allée chez une nouvelle malade, un mal de Pott, avec paralysie des membres. Elle est tout à fait dépendante et a beaucoup souffert pendant ces deux mois passés à l'hôpital : on n'avait pas le temps... Personne ne lui donnait à boire, et ses oranges pourrissaient dans son tiroir... Elle est très « brave », et c'est un grand bonheur pour moi de pouvoir l'entourer et lui donner les soins dont elle a été privée. Je lui ai fait des coussins de différentes grandeurs, et quand je les eus placés, elle m'a dit : « Me voilà bien, cette fois, je suis comme une reine. » Elle m'a demandé de chanter un cantique, et d'une voix éteinte elle essayait de répéter le refrain.

... Croyez-vous qu'il n'y ait vraiment pas moyen d'égaliser un peu les biens de ce monde ? Cela fait si mal de voir d'un côté tant d'argent gaspillé et de l'autre de si grands besoins. Lorsque je pense à la peine et au rude labeur d'une femme, par exemple, qui gagne 2 fr. 80 par jour, et qui avec cela doit entretenir ses deux enfants et une vieille grand'mère, et lorsque, après mes visites dans ces intérieurs où tout manque, je rentre dans un si confortable chez moi, j'ai le cœur serré et je voudrais prendre leur place et leur donner la mienne...

... Lisez le chapitre VIII du livre IV de l'Imitation, il est admirable : « Tout ce que vous me donnez hors vous, ne m'est rien, parce que c'est vous que je veux et non pas vos dons. » Et plus loin, c'est si vrai : « La joie parfaite réside dans le don parfait. »

Mars.

... J'ai un grand projet pour cet été. Louer à Crans une petite maison et avoir là tour à tour tous nos malades de la ville ; une maison de repos et de convalescence. Mes parents ont examiné la chose et n'y sont pas opposés. Si ce projet vient vraiment de Dieu, Il pourvoira à tout.

Carnet intime :

Donne-moi l'assurance que les projets de mon cœur viennent de Toi. Aplanis les obstacles. Conduis les démarches. Prépare ce temps de repos pour attirer les âmes à Toi.

Je voudrais plutôt mourir que d'accomplir une œuvre sans que ce soit Ta volonté.

29 mars 1914.

Dieu m'a parlé cette nuit. Ce qu'Il m'a laissé entrevoir a mis dans mon cœur une joie immense.

Louez l'Eternel !

Louez-le dans l'étendue où éclate Sa puissance.

Louez-le pour Ses hauts faits.

Louez-le selon l'immensité de Sa grandeur.

Que tout ce qui respire loue l'Eternel !

(Reçu la réponse favorable pour le Petit-Clos.)

30 mars.

Une maison à Crans, le «Petit Clos», peut être louée avec son joli jardin. Ce sera un vrai paradis pour nos malades. J'espère avoir pour aide une infirmière de Bel-Air avec qui j'ai travaillé. Nous nous étions attachées l'une à l'autre, et, après avoir quitté Bel-Air, je lui avais écrit et parlé intimement et sérieusement. Elle m'a raconté dans la suite qu'elle s'était un peu moquée de moi en recevant ma première lettre, puis elle avait réfléchi, et elle a eu envie, comme je le lui conseillais, de lire la Bible, pour y trouver ce dont son âme avait besoin. N'ayant point de Bible, elle a demandé à Dieu de me faire comprendre qu'il fallait lui en envoyer une, et Il l'a fait. Sans rien savoir, j'en ai acheté une, que je lui ai envoyée. « Avant même d'ouvrir le paquet, me disait-elle, j'étais sûre que c'était une Bible. »

... Depuis ce moment, un grand changement s'est fait en elle.

Sierre, avril 1914.

Me voilà plongée dans la nature, oubliant pour un moment le travail, la souffrance, les douleurs des autres et cherchant auprès de Dieu la force et l'amour, quelque chose de Son amour divin, qui nous fait comprendre, aider, consoler.

C'est profondément triste de voir son amour rejeté, incompris. On voudrait entendre s'élever une voix puissante comme celle d'un prophète qui crierait au monde son fol égarement.

Genève, 30 mai 1914.

Mon malade tuberculeux est mort ; j'étais auprès de lui une heure pendant sa longue agonie, il y avait quelque chose de si poignant, de si impressionnant auprès de ce mourant, par moments agité, par moments calme. Ses yeux fixes semblaient contempler des choses que nous ne voyions pas et qui mettaient un sourire sur sa figure. Il a reconnu sa femme, son frère et d'autres. L'angoisse de la séparation est poignante ; je ne comprends pas comment ceux qui ne croient pas peuvent la supporter.

Crans, 1er juin 1914.

Vous auriez bien ri hier après-midi, si vous aviez été quelques instants dans la cour de Crans, pour assister au déménagement, puis à l'emménagement du Petit Clos. Chacun voulait aider, et tout fut bien vite descendu du grenier ; lits, sommiers, matelas, fauteuils, duvets, couvertures, ustensiles de tout genre furent hissés sur un char, l'âne fut attelé et « en avant » ! Heureusement que le trajet entre les deux maisons n'est pas long, car l'allure à laquelle nous marchions ne devait pas nous conduire loin. Tout fut bien vite mis en place, et il ne reste que quelques derniers achats à faire pour que tout soit prêt mardi ; ce sera le grand jour d'arrivée. Pélissier amènera en bateau Mme S., qui n'est pas sortie de sa cuisine depuis douze ans. Nieder se chargera de la petite R., qui est impotente des deux jambes ; moi-même j'irai chercher Mme J. et la pousserai dans une petite voiture.

J'ai reçu une très belle somme, qui m'ôte en grande partie le souci financier.

C'est touchant de voir au village combien chacun prend de l'intérêt pour ces malades.

... Maman et Dora partiront pour l'Angleterre en juillet ; pour moi, adieu les projets de voyage, j'ai l'aile attachée à Crans ; si la vôtre est libre, venez jusque dans nos parages, il y fait bon.

4 juin, 1914.

Je voudrais vous faire part de toutes mes joies, la journée de mardi a été belle, je vous assure, et restera gravée dans plus d'un cœur. Il n'y a pas de plus grand bonheur que de pouvoir faire des heureux et apporter un peu de joie dans la vie de ceux qui en sont privés. Le grand voyage de Genève à Crans s'est bien effectué. La joie de tous était complète. Vous auriez dû voir les étonnements successifs de la petite R., une mignonne petite fillette de six ans atteinte de paralysie infantile, qui pour la première fois de sa vie voyait le lac ; elle poussait de grands cris devant les prés, les fleurs, les vaches. Elle n'était sortie de chez elle que pour aller chez le docteur. Les autres malades, une fois arrivés au Petit Clos, se sont installés sur un banc devant la maison et ne voulaient plus le quitter. Mme S. ne pouvait se décider à monter dans sa chambre ; c'est qu'elle avait à se rattraper de douze ans sans avoir respiré l'air frais du dehors.

12 juin.

J'aurais voulu que vous assistiez à la première visite à la ferme avec les enfants. La petite R. avait ignoré jusque là l'existence de tant de bêtes. Chacune lui semblait plus intéressante que l'autre ; il fallait s'approcher et les caresser toutes ; elle n'avait aucune méfiance, aucune peur, tout au contraire, elle tendait sa petite main et réclamait un baiser ; elle était ravie parce qu'un jeune poulain qu'elle caressait avec amour, l'a vraiment baisée en lui léchant la main. Si on l'avait laissée faire, elle aurait emporté dans sa poussette, poules, poulets, chats et lapins.

Nous avons fait hier une grande expédition

au bois. Ce n'était pas toujours facile d'avancer, en poussant les chars sur les chemins couverts de cailloux ou creusés d'ornières, mais nous y sommes arrivés quand même, et il faisait très bon sous les grands arbres.

Voici l'horaire de mes journées : à sept heures, je suis au Petit Clos et je commence par soigner la petite bonne, qui a besoin d'un peu de massage ; puis je lève Mme J. et la petite R., elles déjeunent toutes ensemble à huit heures. Je rentre moi-même déjeuner à la maison et dire bonjour aux miens, je retourne à huit heures et demie pour le culte, nous chantons et lisons la Parole de Dieu. Puis, chacun va à son ouvrage, les malades valides font les chambres, j'installe les autres dehors et commence les soins, massages, pansements, cataplasmes ou ventouses. Les petits dorment entre une et deux heures, et je m'arrange pendant la journée à les emmener promener, afin qu'ils ne soient pas toujours là et ne fatiguent pas les malades. Le souper est à six heures et demie, et plus tard, vers huit heures et demie, je viens dire bon soir à la petite maisonnée. Dora m'aide beaucoup et a une affection toute spéciale pour les enfants. Inès aussi passe tous ses moments libres au Petit Clos.

L'autre jour, en se promenant, ma petite R.

s'étonnait de voir le Jura qui était bleu comme le lac, elle demandait si c'était en bois ou en carton. Et puis, en voyant une fois papa à cheval, elle s'était écriée d'un air ravi à la vue des étriers : « Oh ! il a aussi des appareils aux jambes. » Mais lorsqu'il est descendu, sa figure est devenue toute triste et elle a dit : « Mais il marche bien mieux que moi, quand même. »

A côté de toutes ces joies, il y a aussi de petites difficultés ; mais lorsqu'elles surgissent, je les remets bien vite à Dieu, qui peut toujours les aplanir. Je ne suis qu'une petite servante, qui essaie d'obéir et qui doit dire : « Je suis une servante inutile, j'ai fait ce que je devais faire. »

... Il y a beaucoup, beaucoup à faire au Petit Clos. J'y suis maintenant de sept heures à midi sans interruption, avec quatre malades qui ne peuvent pour ainsi dire rien faire sans aide. Il y a bien de l'ouvrage, je suis seule avec une femme de ménage qui fait la cuisine ; notre petite bonne est tombée malade ; j'attends une aide pour le travail que je suis obligée de faire maintenant en dehors des soins à donner. S'il y a un peu de peine et de fatigue, il y a aussi beaucoup de joie, et Dieu sait ce dont j'ai besoin et prend soin de nous.

3 juillet 1914.

C'est bon de se sentir à l'école de Dieu, de

penser qu'Il prend en main notre éducation, et que cette éducation nous amènera à une ressemblance plus parfaite avec Lui.

... La maisonnée est au complet, onze personnes, entre autres une malade tout à fait alitée, qui ne peut rien faire elle-même ; mais c'est une délicieuse malade, si heureuse d'être ici. Elle avait si peur de ne pouvoir venir, elle disait : — « Je veux me cramponner à Mlle van Berchem, pour qu'elle m'emmène à Crans. » — On l'a amenée dans l'auto de l'hôpital. Nous avons trois nouveaux enfants, qui sont bien pâlots et malades.

Ma tâche est grande, je le sens chaque jour plus vivement, et je me trouve un peu seule ; papa et les enfants vont faire un voyage en auto, maman et Dora partent le 10 juillet pour l'Angleterre ; mais je regarde plus haut et je demande à mon divin Maître tout ce dont j'ai besoin.

Laissez-moi, en terminant, citer deux pensées : la première de Mæterlink : « Il n'y a pas d'être au monde qui n'améliore quelque chose en son âme dès qu'il aime un autre être. » La seconde, de l'Imitation, que je cherche à réaliser : « Demeure certain que tu dois mener une vie mourante. Plus on meurt pour soi, plus on vit pour Dieu. »

CHAPITRE IV.

LA GUERRE
1914-1915

A la déclaration de guerre, Renée se trouve toute prête pour la tâche qui l'attend. Son seul désir est de se rendre utile là où il y a le plus besoin d'aide. Le 19 août elle écrivait à son père, à la frontière :

On attend avec impatience les grandes rencontres qui vont avoir lieu. On ne peut qu'être navré à la pensée de tant de souffrances, de tant de vies détruites.

A propos du Petit Clos, nous avons décidé de le fermer à la fin du mois.

Je voudrais vous exposer la situation et vous demander ce que vous en pensez. L'éventualité d'une bataille en Suisse est à peu près écartée, les « Bons Secours » n'auront pas l'occasion de travailler chez nous utilement. Si des blessés étrangers sont hospitalisés en Suisse. ils seront soignés par la Croix-Rouge, qui a à sa disposition un nombreux personnel. Aussi je me demande si je ne serais pas plus utile en m'engageant en France, ou, si vous me le permettiez, en Belgique, où la misère doit être la plus grande et les infirmières moins nombreuses.

C'est à Lyon, à l'infirmerie installée à la gare de Lyon-Vaise, que Renée, appelée par une amie du Bon Secours, va travailler pendant deux mois, après un court séjour à Annecy.

A sa sœur Dora :

Annecy, 7 septembre 1914.

Je voudrais te faire part d'une impression navrante, d'une émotion profonde que j'ai éprouvée samedi soir. Nous étions à la gare, on attendait un train d'émigrés. Comment te décrire alors tous ceux qui ont défilé devant nous, et comment te dire tous les sentiments qui remplissaient mon cœur. Une foule de 500 à 600 personnes, composée de femmes, d'enfants, de vieillards, d'éclopés. Il y avait des familles entières, la mère avec six ou sept petits, une poussette et quelques effets roulés dans un mouchoir. La plupart sans chapeaux, les cheveux défaits, fatigués et bien las.

C'était un véritable exode de pauvres, de misérables, rendus plus misérables encore par un long voyage de plusiseurs jours, empilés dans les wagons et les fourgons, changeant à chaque instant de train, avançant toujours et ne sachant pas où on les menait.

... Aujourd'hui nous avons vu une famille composée du père, de la mère et de trois enfants, qui sont des réfugiés de Charleville. Je n'ai jamais entendu de récit plus émouvant que celui de leur fuite. Ils se trouvaient entre les deux armées ennemies. Les Allemands avançaient. Il fallait fuir, laissant tout derrière soi. Ils se sont mis en route. Après une première étape d'une vingtaine de kilomètres, ils se croyaient en sûreté. Mais le lendemain les balles sifflaient d'aussi près que la veille. Il fallait fuir encore. La nuit, ils couchaient dans une grange, au petit jour ils reprenaient leur marche. Les trois premiers jours, ils ont franchi 110 kilomètres. Mais il fallait marcher encore pour trouver une ligne de chemin de fer. Lorsqu'ils ont rejoint un train, la bande de ceux qui s'étaient sauvés était bien diminuée. Il y en avait qui avaient rebroussé chemin pour retourner dans leur ville et la trouver envahie par l'ennemi ; d'autres s'étaient perdus, ne connaissant pas le pays ; enfin, il y avait tous ceux qui n'avaient pas pu suivre, les vieillards laissés en arrière... Il y aurait bien à faire ici à s'occuper de tous ces réfugiés, qui cherchent du travail et qui n'en trouvent pas.

A son amie, à Nevers :

Gare de Lyon-Vaise, 17 septembre 1914.

Il est impossible de voir ce que nous voyons, d'entendre les récits de ceux qui reviennent du champ de bataille, sans avoir le cœur brisé. Tant de souffrances, tant d'atrocités ! Comment l'homme a-t-il pu tomber si bas ?

Notre travail consiste, à l'arrivée des trains de blessés, à changer les pansements et à recevoir quelques instants les grièvement atteints qui ne peuvent continuer la route.

Nous sommes six infirmières travaillant deux par deux, nous relayant continuellement, car il faut être là nuit et jour. A un moment donné, on peut être débordé et n'avoir pas le temps de refaire tous les pansements, puis les trains s'espacent et nous donnent le temps nécessaire pour préparer à nouveau tous nos objets de pansement et les stériliser. Toute l'installation est faite dans une salle d'attente.

Carnet intime :

Matinée de grand travail à l'infirmerie de la gare. Est-ce l'approbation des hommes que je désire ou celle de Dieu ? « Est-ce que je cherche à plaire aux hommes ? » (Gal. 1 : 10.)

Apprends-moi, ô Christ, à vivre avec ce seul but devant moi, que ma seule préoccupation et ma seule joie soit de *Te plaire.*

Quelques jours plus tard :

...MON ŒUVRE EST POUR LE ROI.

Désir profond de travailler pour Christ. Soigner les âmes et non seulement les corps. Parler du Christ et l'apporter aux autres.

Tu sais mon désir : glorifier ton nom.

A son père, à la frontière:

30 septembre.

Tout mon travail et tout ce que je vois ici me font continuellement penser à vous. De jour en jour je suis plus reconnaissante que notre Suisse ait été épargnée.

Cela vous intéresserait d'entendre les récits de ceux qui reviennent du front. Je voudrais que vous soyez là à l'arrivée d'un train de blessés. Nous avons bien de l'ouvrage. L'autre nuit, quatre trains sont arrivés, dont un comptait

1100 blessés. Nous avons eu beaucoup de pansements qui dataient de plusieurs jours et qui étaient infectés ; puis des blessés qui viennent directement du champ de bataille et qui n'ont encore que leurs pansements provisoires. Souvent ceux-ci sont mal fixés, et le coton est appliqué sur la plaie. Que de peine pour le décoller !

A sa sœur Yvonne:

Septembre.

... Un blessé, qui avait reçu trois balles dans un pied et deux dans les reins, m'a raconté qu'il s'était traîné sur les coudes hors de la ligne de feu, mais qu'au lieu de rentrer dans les lignes françaises, il s'était égaré dans celles de l'ennemi. Il passa six jours dans une grange avec des soldats et officiers allemands, sans recevoir aucun soin et presque sans nourriture. Le nombre des morts là-bas était énorme, les cadavres, entassés les uns sur les autres, arrivaient jusqu'à la hauteur des museaux des chevaux. Il disait : « Ah ! la guerre, ce n'est pas beau, il faut y avoir été pour savoir ce que c'est ; mais une guerre pareille, on ne pourrait la recommencer, les hommes ne marcheraient plus. » Au bout de six jours, les Français ayant pris possession du petit village, il se trouvait de nouveau au milieu des siens.

A sa mère :

1er octobre 1914.

Un train vient d'arriver et nous apporte beaucoup de travail. J'ai pansé un fantassin blessé au bras et à la hanche. Tombé dans un fossé, il était resté quatre nuits et trois jours sans manger.

Je suis étonnée de voir la grande proportion des plaies qui se guérissent. Dans un hôpital de 350 lits, un médecin en chef nous disait que le 90 % allait pouvoir retourner au feu dans un ou deux mois. Il est vrai que les cas très graves ne sont pas transportés jusqu'ici.

Les prisonniers allemands font une pitié immense ; ils sont si abattus et parfois si grièvement blessés, qu'il semble que tout leur soit parfaitement égal ; ils ne tiennent plus à rien.

Que de souffrances, de tristesses, de misères ! Ici on les voit de bien près ; tout le monde est atteint, et tout le monde souffre.

J'aime à penser à notre délicieux Crans, où tout est calme et tranquille ; mais il fait bon emporter avec soi la paix de Dieu et être de ceux qui se confient en l'Eternel, qui sont comme la montagne de Sion, et ne seront jamais ébranlés.

D'un carnet de notes :

3 octobre.

... Nuit de veille bien remplie, préparation de tampons jusqu'à l'arrivée d'un train sanitaire, à minuit et demi. Tous étendus et grièvement blessés. Amputation de jambes, de bras, des deux mains, un officier aviateur avec les deux jambes cassées, tombé de 150 mètres.

Impression de tristesse poignante devant ces jeunes hommes, ces pères de famille, mutilés pour la vie, à vingt-trois ans avoir les deux jambes coupées !

A l'infirmerie, grand émoi, une très forte hémorragie nous tient tous en suspens ; la compression par garrot l'arrête, piqûre caféine, huile camphrée, injection sérum, agitation, nervosité du blessé.

On fait venir le prêtre, nous nous éloignons. C'est touchant de voir ce tout jeune prêtre tendrement agenouillé auprès du brancard. L'auto du docteur arrive, on l'accompagne, et nous savons qu'il est encore arrivé à l'hôpital.

Après avoir nettoyé notre infirmerie, je sors sur le quai et suis arrêtée par un Luxembourgeois qui me demande si je pourrais faire quelque chose pour ses enfants. Ils voyageaint depuis plusieurs jours sans trouver grand'chose sur leur route, le père, la mère, la belle-mère, six enfants. Il était deux heures du matin, ils attendaient un train à cinq heures. Nous les installons à la tisanerie et leur donnons du lait, du chocolat, du pain. Le dernier, un nouveau-né de trois semaines, attire toutes les attentions. Nous l'emmenons et lui faisons une toilette complète.

Après le départ des émigrés, nous nous étendons un moment et nous nous endormons profondément. A six heures et demie, brusque réveil, nous nous trouvons en face d'un Arabe, qu'il faut panser avant le départ de son train. Il est accompagné d'un officier très aimable, qui nous remercie beaucoup.

Un train de blessés est en gare, ceux qui peuvent marcher viennent faire renouveler leur pansement. Sur le quai, un tout jeune soldat, qui a eu la joue traversée par une balle et qui ne peut parler, est en train de se débarbouiller. Tout à coup il s'arrête, sa figure s'illumine, il court, c'est son frère qu'il vient d'apercevoir, blessé aussi ;... ils s'embrassent, entrent ensemble à l'infirmerie et veulent s'asseoir côte à côte pendant que nous les pansons. Tous les deux étaient sur la ligne de feu, sans nouvelles l'un de l'autre, et sur le quai de la gare ils viennent de se retrouver.

A son amie:

Crans, 18 octobre.

Vous serez étonnée que je vous écrive de Crans. J'ai pu m'échapper pour deux jours, et je suis vite revenue à la maison voir papa qui, parti le 3 août, a quelques jours de congé. Cela fait du bien de se retrouver au milieu des siens. La campagne est magnifique, mais on n'en jouit pas comme les autres années ; il y a comme un très gros poids qui pèse sur les cœurs et qui rappelle sans cesse tous les cris de souffrances qui s'élèvent de la terre.

Après un court séjour en Angleterre, pour assister au mariage de sa sœur aînée, Renée va rejoindre son amie Mlle Menni, à Nevers, où elle travaillera avec elle dans un hôpital militaire jusqu'en janvier 1916.

A sa sœur:

Nevers, hôpital 41, novembre 1914.

Pour le moment, j'ai la responsabilité de cinq salles de cinq lits, et, parmi mes malades, une quinzaine de massages. Dans bien des cas, c'est seulement par ce moyen que l'on peut obtenir quelque amélioration. Cela fait tant de peine de voir ces hommes forts, ces jeunes, complètement estropiés, et c'est plus triste de voir une jambe tout à fait hors d'usage, sur laquelle on ne peut s'appuyer sans qu'elle fiéchisse, que de voir un amputé qui marchera plus tard avec une jambe de bois. On comprend la joie de pouvoir apporter parfois un peu de soulagement.

Il y a un grand mélange parmi tous ces soldats. Je soigne côte à côte un acrobate, un coiffeur de Paris, un instituteur, un chiffonnier, un commis voyageur, un paysan de la Savoie.

C'est souvent bien amusant d'entendre leurs conversations. Il y en a qui excellent dans les récits de bataille et qui, tout palpitants, vous racontent d'un souffle les dangers traversés et leurs actions d'éclat.

A sa mère:

Nevers, 3 décembre 1914.

Je voudrais aujourd'hui vous ouvrir mon cœur et vous laisser lire jusque tout au fond. Maman chérie, je sais que vous me comprenez mieux que personne et que vous m'avez peut-être devinée, que vous avez compris avant moi ce que je réalise maintenant. Voilà ce que je sens si fort, ce qui m'est devenu si clair depuis quelques jours ; c'est qu'il y a un travail bien plus grand, plus beau, plus utile que celui que je fais depuis trois ans. L'âme est bien plus que le corps, et, lorsque je regarde autour de moi, je vois tant de gens qui s'occupent à soigner le corps et si peu qui se donnent tout entiers pour connaître mieux l'âme et apprendre à la soigner. Mon grand désir, c'est que Dieu m'appelle à ce travail-là. Je voudrais que ce soit mon seul but et que tous mes efforts y tendent. Mais lorsque je regarde à mon activité, je suis bien loin de cela. Je voudrais que Dieu me rende « capable de parler de l'Evangile ». Croyez-vous qu'il ouvrira une fois le chemin devant moi pour me permettre de travailler tout à fait directement pour Lui, pour attirer des âmes à Lui. Il semble que, maintenant, où l'on côtoie la mort et la souffrance de si près, les occasions devraient être nombreuses et le travail très grand. Je voudrais pouvoir m'y lancer, mais je me fais l'effet de ne posséder aucune arme nécessaire pour le combat...... Que c'est bon de vous avoir comme confidente ! Dites-moi tout ce que vous pensez. Je n'ai pas besoin de vous demander vos prières, car je les sens qui m'entourent continuellement.

Je crois pour le moment être là où Dieu me veut, et, si je ne sais pas parler à ceux qui m'entourent de Son grand amour, je puis prier pour eux, et Dieu se révélera.

A sa sœur Yvonne :

Hôpital de Nevers, 30 décembre 1914.

... Je commence une nuit de veille. Figure-toi un vieux lycée, anciennement un séminaire. Au rez-de-chaussée, plusieurs petites salles donnant directement sur une cour. C'est dans une de ces salles-là que je suis. Cinq lits la remplissent. Autour des murs, des casiers, car c'était une salle d'études ; les pupitres nous servent de tables. Les lumières sont éteintes, seul un petit lumignon éclaire le coin de table où je t'écris. Celui que je veille est un beau et fort soldat, mais qui fait maintenant pitié à voir ; on vient de lui enlever un gros éclat d'obus dans les os du poignet. L'opération était risquée, et il s'est produit de graves hémorragies dans les plaies. C'est impressionnant de voir couler du sang à gros filets sans pouvoir bien l'arrêter. Il a eu trois hémorragies, son matelas était transpercé aussi tu comprends dans quel état de faiblesse il est maintenant et comme son visage est pâle. Ce soir le docteur a déclaré qu'à son avis il est perdu... Mais jusqu'au dernier souffle il y a encore de l'espoir.

18 janvier 1915.

... Le blessé dont je t'ai parlé va de mieux en mieux, il est comme un grand enfant et demande qu'on s'occupe de lui.

31 décembre 1914.

Je viens de relire mon carnet de cette année, et mon cœur est rempli de joie en voyant comment Dieu a conduit et dirigé mes pas, et comme Il m'a parlé et répandu autour de moi des joies profondes.

Je vois combien il est difficile, lorsque les occupations extérieures sont grandes et absorbantes, de venir régulièrement chercher et recevoir la manne dont notre âme a besoin...

Dieu parle quand même... mais qu'Il me garde d'être infidèle et que je sache toujours trouver le temps de venir l'écouter ! Que Lui seul m'enseigne la voie que je dois suivre.

1er janvier 1915.

Je lui servirai de guide. (Es. 57 : 18.)

Au commencement d'une nouvelle année, ô Dieu, mes regards se fixent sur Toi, comme sur

Mon Seul Guide.

Que mes pas suivent Tes traces,
et que rien ne me fasse lâcher Ta main.

A sa mère :

Janvier 1915.

Notre hôpital est destiné à recevoir, des différents dépôts, des soldats ayant quelques balles ou projectiles à extraire.

Nous sommes chargées, Mlle Menni et moi, de la salle d'opération, à côté de notre service d'étage.

Nous venons de recevoir trente-cinq soldats d'un dépôt, on nous en annonce quatre-vingts d'un autre, et ainsi de suite. Vous voyez que nous avons du pain sur la planche, et bien des opérations en perspective.

Un chirurgien de Paris très habile vient d'opérer. C'est très intéressant, et comme dans cet hôpital de deux cents lits nous sommes les deux seules infirmières diplômées, toute la responsabilité retombe sur nous. Nous sentons que nous sommes utiles, et moins que jamais je regrette mes années d'étude.

... Hier nous avons de nouveau opéré ; jamais encore nous n'avions abattu autant d'ouvrage : neuf opérations dans la journée. Nous avons travaillé de sept heures du matin à sept heures et demie du soir, avec une heure et demie d'interruption au milieu de la journée.

... Le soir nous étions tous contents de l'ouvrage fait et des bons résultats que nous avons depuis quelque temps.

Carnet intime :

Pardonne-moi, mon Dieu, humilie-moi ! Aujourd'hui je ne suis pas montée dans ma chambre pour prier et pour laisser Dieu me parler. Lui qui m'avait justement tellement bénie... ! J'ai été triste et j'ai compris que cette tristesse vient de mon infidélité. *O Dieu, rends-moi fidèle* !

Dieu a des droits sur une vie qui est entièrement consacrée et qui veut tout recevoir de Lui.

Après une nuit de veille :

... Il faut mourir, cette expérience m'apparaît de plus en plus nécessaire. Il y a des choses à abandonner, et, après elles, il y en a encore d'autres ; quelqu'un [1] a dit : « Il est temps de mourir toute notre mort, pour vivre toute notre vie. » Oui, il en est bien temps ! Que Dieu nous aide !

... Mon désir reste toujours aussi intense ; travailler plus directement à gagner des âmes à Christ. Il faut être revêtu du Saint-Esprit. Je désire un vrai baptême, et je voudrais posséder cette puissance d'aimer et de gagner des âmes. Ma vie est entièrement entre ses mains. Qu'il fasse ce qui Lui semblera bon !

Carnet intime :

Joie pure et profonde, ce soir, d'avoir pour le Christ et au nom du Christ donné un évangile

[1] Gaston Frommel.

à un blessé qui repart pour la troisième fois au feu.

Prière : O Dieu, agis par Ta parole, et attire cette âme plus près de Toi !

A sa sœur Odette :

Nevers, 5 janvier 1915.

Que cette année te donne, à côté du bonheur extérieur, une joie et une paix toujours plus profondes. Que ton désir de posséder le Christ soit satisfait et qu'Il remplisse ta vie. Il te désire, toi, chérie, et veut faire sa demeure en toi, c'est Son désir, et je sais que c'est aussi le tien.

« Je lui servirai de guide. » La vie est pour nous un grand inconnu, nous la traversons comme un voyageur qui a entrepris un long trajet. Il ne fait pas bon marcher seul sans connaître le chemin. Il nous faut un guide, Dieu Lui-même s'offre à nous pour cela. Qu'il fait bon être guidé par Lui ! Le chemin a beau être difficile, la nuit peut nous surprendre et l'orage éclater, s'Il est là devant nous, nous frayant le chemin, nous ne craignons rien. Qu'il fait bon, au tout commencement du voyage, avoir trouvé comme toi un tel guide !

... Nous avons le même but devant les yeux, nous voulons courir en avant et ne pas nous laisser détourner en route par les occupations, le travail, les affections ou les autres obstacles qui ralentiraient notre marche.

... Par moments, j'ai une grande envie d'être au milieu de vous tous ; puis je me ressaisis, et je pense à tant de souffrances ici, et à tous ces blessés, isolés, ayant besoin de trouver quelqu'un qui s'occupe d'eux et qui les aime vraiment.

... J'ai hâte de rentrer au milieu de vous, et cependant j'ai de la peine à quitter mon poste ; tu sais comme on s'attache !...

14 mars. Carnet intime :

Pendant une nuit de veille.

(Prié pour un de nos blessés qui est bien mal. — Certitude que Dieu m'a mis au cœur cette prière parce qu'il veut l'exaucer.)

La prière m'apparaît comme le contact, le lien entre Dieu et nous.

Il est prêt à faire du bien à ceux que j'aime sans que je le lui demande, mais lorsque mon âme est en communion avec Lui, Dieu me fait part de Ses desseins. Mon désir est identique à Ses plans. Je sais alors qu'Il exauce.

Saint-Jean dit : Nous avons auprès de Lui cette assurance que si nous demandons quelque chose selon Sa volonté, Il nous écoute, et si nous savons qu'il nous écoute, quelque chose que nous demandions, *nous savons* que nous possédons la chose que nous Lui avons demandée.

A son amie :

Genève, avril 1915.

Me voici à la maison au milieu des miens. J'ai trouvé tout le monde à la gare. C'est si bon de les revoir.

... Je suis retenue à la maison par une vilaine périostite, j'ai terriblement souffert, mais encore une fois je constate que Dieu dirige toutes choses. Je serais rentrée à Nevers encore fatiguée, il a fallu ce petit accroc pour m'apprendre que j'avais besoin d'un vrai repos. Je m'en vais passer la fin de la semaine, tranquille, à la maison. Je suis souvent seule, j'ai le temps de penser à ceux que j'aime et, comme Marie, j'ai le temps de m'asseoir aux pieds de Jésus et de me laisser enseigner par Lui. Il est la source d'eau vive, il faut y puiser et en boire, elle nous désaltère et devient en nous une source qui répand la vie.

A sa mère :

Nevers, 1er juin 1915.

On vient de décider une augmentation de 70 à 100 lits pour notre hôpital. Notre pauvre major en est tout effrayé. Nous l'avons rassuré en lui disant que nous n'avions pas assez à faire et que nous en serions ravies.

... Comme ce serait beau si tout à coup Crans se trouvait tout près d'ici ! J'irais y puiser avec bonheur fruits et fleurs pour nos blessés. La semaine dernière nous avons opéré trois fois.

... Parlez-moi encore de la prière ; parfois on ne comprend pas pourquoi Dieu fait attendre lorsqu'on Le prie pour qu'Il se révèle à une âme.

Priez avec moi pour un blessé que je voudrais tant voir arriver à posséder la paix. Il a un chagrin qui le ronge, mais nous ne savons pas quelle en est la cause. Je désire tant que cette souffrance lui fasse connaître et comprendre l'amour de Dieu et le rapproche de Lui.

Fin juillet.

Me voilà enrégimentée dans l'armée française ! Avant de partir pour l'Angleterre, où je vais pour soigner Dora, j'ai dû signer un engagement comme infirmière pour la durée de la guerre, à moins d'empêchement majeur. Le major m'a accordé un congé de deux mois.

J'ai fait le trajet de Folkestone à Londres avec des soldats belges. Ils avaient quitté les tranchées près de Dixmude, à 2 h. de la nuit. Ils avaient marché longtemps et avaient faim, aussi ont-ils profité des provisions qui me restaient.

Ce fut pour Renée un repos de faire ce séjour en Angleterre, et pour sa sœur un grand bonheur de l'avoir auprès d'elle pendant les absences répétées de son mari, et plus tard d'être entourée de ses tendres soins.

Comme toujours Renée accomplit plus que sa tâche et mit la main à tout dans la maison. Elle soigna avec le plus grand dévouement sa petite filleule, née le 22 août 1915.

Voici quelques pensées prises dans la correspondance adressée à son amie :

Salisbury, août 1915.

... Tout est si simple pour nous qui croyons. Mais pourquoi sommes-nous des privilégiées qui « Le » connaissent ? Pourquoi y en a-t-il tant qui ne comprennent pas son amour ? Cela doit être si différent de traverser ce temps d'épreuve avec Christ ou sans Lui. Pour moi je n'ai jamais traversé de grandes souffrances, je n'ai donc pas d'expérience ; mais je crois que Christ peut nous donner de supporter des souffrances qu'à vues humaines on croirait trop lourdes à porter. En pensant à tous ceux qui souffrent si cruellement, il me semble qu'il y en aura qui auront fait cette expérience et qui deviendront plus grands et plus forts parce que plus en communion avec les souffrances de Christ.

... Je veux encore te dire la « merveille » que j'ai lue ce soir ; chaque fois que je relis cette parole, je suis remplie d'émotion et de reconnaissance devant tant d'amour :

« Celui qui vous touche, touche la prunelle de mon œil. » (Zach. 2 : 8.)

Lorsqu'on repose entre de telles mains, comment peut-on se laisser troubler par ce que nous rencontrons sur notre route ? Il n'est plus permis d'être dans l'anxiété, Il prend soin de nous.

... Je voudrais venir te dire aujourd'hui l'importance d'un moment mis à part pour Dieu, et en même temps la bénédiction qui en découle. S. D. Gordon dit si bien que notre vie intérieure ne peut se développer qu'à la condition d'un contact journalier avec Celui à qui cette vie doit ressembler. Il appelle ce moment spécial mis à part pour écouter Dieu et Lui parler « the morning tryst ». Tryst est un mot écossais qui veut dire le rendez-vous que se donnent deux amis. Christ lui-même désire ce rendez-vous. Si, à la première demi-heure du matin, à l'aurore, lorsque l'esprit est reposé après la nuit pendant laquelle Dieu a veillé sur nous, si alors nous entrons en contact avec Lui, nous garderons pendant la journée le sentiment de Sa présence, et le soir nous dirons, comme les disciples d'Emmaüs : « Reste avec nous, Seigneur ! » Comme c'est beau que Christ Lui-même nous demande de Lui consacrer cet instant ! Comment ne pas tout faire pour vaincre les difficultés et venir recevoir Ses instructions et Sa force avant de commencer les devoirs journaliers ?

Ce qui est difficile, c'est de ne pas être pressée, c'est d'avoir le temps nécessaire et de ne pas s'occuper de l'heure qui passe. Puis il faut savoir oublier toutes choses pour n'avoir devant soit qu'un but : rencontrer Dieu et Le connaître davantage. Quelle joie de Le sentir là tout près ! Combien sont heureux ceux qui jouissent à chaque instant de Sa présence !

Salisbury, 14 septembre 1915.

... Le départ de Willie pour le front français a eu lieu hier. Au moment de partir, il était, je crois, encore plus ému que Dora. Dora est restée longtemps sur le seuil de la porte jusqu'à ce que la silhouette de son mari eût disparu. Elle a été si brave ! Madeline pleurait et réclamait son repas, et l'on sentait que cette petite était toute la consolation de sa mère.

Avant de reprendre son poste à Nevers, Renée

va passer encore quelques jours à Crans et participera à la Conférence des étudiants à Sainte-Croix.

A sa mère, à son retour à Nevers :

18 octobre 1915.

Vous aurez reçu ma dépêche, qui vous aura dit mon bon retour ici. Je suis tellement avec vous en pensée. Il ne fait nulle part aussi bon qu'à Crans. Après vous avoir quittés, j'ai eu une impression de vide et de froid autour de moi.

Je trouve, comme les soldats, qu'il est toutes les fois plus dur de retourner au front, toutes les fois plus dur de quitter le nid bien chaud de la famille. Je ne puis pas vous dire combien j'ai joui de vous tous.

Les journées lumineuses de Crans et de Sainte-Croix m'aideront dans les moments difficiles. Ce sont les expériences personnelles de l'amour de notre Dieu qui doivent nous aider en face de toutes les souffrances, car Dieu aime chacune de Ses créatures autant qu'Il m'aime moi-même, et je repasse dans mon cœur toutes les preuves de Son amour ! Merci de tout ce que vous m'avez donné, merci de tout votre amour !

Nevers, hôpital 41, minuit et demi.

Me voilà replongée dans le travail, les journées se passent tout entières à l'hôpital et ne nous laissent guère de temps pour écrire. Je suis contente de cette nuit de veille pour venir parler à tous ceux à qui je pense à chaque instant.

Je veille un blessé, qui, malgré les piqûres préventives, a pris le tétanos. C'est le premier cas que je soigne. Quelle terrible maladie ! Les docteurs espèrent le sauver, mais il ne faut le quitter ni jour ni nuit. Il était pêcheur. La nuit dernière il divaguait, il se croyait en danger sur mer, d'un ton angoissé il suppliait qu'on vienne à son secours. Il voulait sortit du lit, et il fallait de la force pour le retenir. Sa femme est venue de bien loin avec leur dernier gamin ; elle croyait le trouver guéri. Son désespoir fut navrant lorsque nous dûmes lui dire la gravité de son état. Puis, comme elle a été brave auprès du malade, essayant de cacher son émotion !

30 octobre, 1 h. matin.

Nos journées sont bien remplies ; nous sommes à l'hôpital de sept heures et demie à midi, puis de deux à sept, et bien souvent nous devons faire une tournée entre huit et neuf heures. Nous continuons à veiller à tour de rôle depuis minuit, notre tour revient toutes les trois nuits. Je suis étonnée de faire cela aussi facilement ; et même s'il y a un peu d'arriéré de sommeil, il y a beaucoup de joie à pouvoir le faire.

Notre blessé disait en divaguant : « Je vous paierai ce que vous voudrez, mais restez auprès de moi ! » Les progrès du tétanos ont été enrayés, mais il a pris une congestion pulmonaire avec près de 40 degrés de fièvre. Maintenant il s'affaiblit beaucoup. Comme on voudrait les voir se guérir, ceux que l'on a tellement soignés !

... Notre tétanique est mort. Je suis restée près de lui et lui ai tenu la main jusqu'au dernier moment. Nous en avons un autre dont l'état est bien grave, et l'on n'ose presque pas espérer, car nous avions gardé tant d'espoir pour le premier.

Hôpital 41, 2 h. matin.

...Avant toutes choses attachons-nous au Christ, soyons unis à Lui pour Le rencontrer, s'Il allait venir ou s'Il nous reprenait à Lui. Il y en a tant qui meurent. Il faut être prêt ; car une fois malade, la souffrance empêche de faire un pas de plus vers Dieu.

Le blessé que je veille est inconscient. Pour calmer les terribles contractions du tétanos, on lui a donné une forte dose de chloral. De temps en temps il appelle son petit Robert ou sa femme.

Comme on voudrait apporter le Christ à tous ceux qui souffrent ! Ce que je demande à Dieu, c'est qu'Il me garde de me laisser trop absorber par le travail, et qu'Il me donne de m'approcher de Lui pour recevoir et donner ensuite.

Chapitre V

MARIAGE ET APPEL POUR LES INDES
1915-1916

Un nouveau chapitre de la vie de Renée allait s'ouvrir. La pensée du mariage s'était plus d'une fois présentée à son esprit, et son cœur aimant avait eu la vision de la beauté d'une vie à deux. Déjà en 1910, à dix-huit ans, elle écrivait à sa sœur Yvonne :

... Lorsque l'heure arrêtée par Dieu aura sonné, si j'en suis digne, Dieu m'accordera une de ses plus grandes bénédictions, un mariage chrétien. L'amour véritable est quelque chose que l'on ne peut pas créer et que l'on peut difficilement éteindre. Si je le possède un jour je saurai que c'est Dieu qui me l'envoie.

Mais c'est en 1915, au moment où elle vit le bonheur de ses sœurs, que se développa en elle le grand désir d'une vie à deux :

... Ce que je considère de plus beau ici-bas,

— écrivait-elle en janvier 1915 — c'est l'union de deux êtres enracinés en Christ, l'union de deux volontés, de deux énergies au service du Roi.

Et en mai 1915 :

... Quelle joie ce serait pour moi de rencontrer celui avec qui je travaillerai pour Dieu, poursuivant un même but.

... C'est un désir qui est là, tout au fond, sans que je l'aie cherché. Je le remets à Dieu et Lui demande d'y répondre selon Sa volonté.

Pendant ces mêmes journées de mai 1915, Dieu faisait subitement grandir dans un autre cœur le besoin profond de trouver une compagne. Celui que Renée devait rencontrer quelques mois plus tard ne se sentait pas libre, comme elle, de demander positivement à Dieu de lui accorder le désir de son cœur, il le remettait simplement aux pieds de son Maître, sans se douter que Dieu l'avait exaucé au delà de ce qu'il osait demander.

En septembre 1915, à son retour d'Angleterre. Renée vint passer quelques jours à Crans avant de reprendre son travail à Nevers. C'est à une retraite des étudiants, puis à la Conférence de Sainte-Croix, qu'elle rencontra le Dr Pierre de Benoît pour la première fois.

Carnet intime :

Nevers, décembre 1915.

... J'ai parfois une certitude profonde des choses que j'attends..., pourtant ma préoccupation est d'être prête à passer par un autre chemin si c'est la volonté de Dieu.

1er janvier 1916.

En face de cette nouvelle année, qui peut avoir tant de choses en réserve pour nous tous, mon attitude doit être celle d'un petit enfant.

« Jésus ayant appelé un petit enfant le plaça au milieu d'eux ». C'est comme un modèle que Jésus nous le montre. Il veut que nous possédions son *humilité*, sa *simplicité*, sa *confiance*.

Je veux être comme un de ces tout petits, qui s'abandonnent sans réserve entre les bras de leur mère. L'amour de Dieu envers moi dépasse tout ce que l'amour d'une mère peut être. Il prendra soin de moi et conduira ma vie. Si ce sont des joies qu'Il a préparées sur mon chemin, je l'en bénirai, et si Sa volonté diffère de la mienne, là encore je Le bénirai ; car *Sa* volonté est plus sage et plus parfaite.

O Père, donne-moi une confiance sans limite en ton amour infini, et mets dans mon cœur une étincelle de cet amour.

En quittant Nevers, en janvier 1916, pour passer quelques semaines dans sa famille, Renée ne se doutait pas que l'adieu qu'elle faisait aux blessés de l'hôpital 41 était un adieu définitif.

Après avoir rencontré de nouveau Pierre de Benoit

au mariage de sa sœur Yvonne, elle écrivait à cette dernière :

30 janvier 1916.

... Tu sais quelle est ma prière, que Dieu me révèle Sa volonté, qui est toujours bonne, agréable et parfaite.

Il ne me l'a pas révélée d'une manière visible, je n'ai aucune certitude sur laquelle je puisse me reposer, mais Il m'a répondu en mettant au fond de mon cœur une paix profonde et l'assurance que Ses plans à Lui s'accompliront et qu'ils sont les meilleurs... Prie aussi pour moi... et demande à Dieu de me préparer à Le servir, seule ou à deux.

... Je me rappelle cette parole du psaume 127 : « Si l'Eternel ne bâtit la maison, ceux qui la bâtissent travaillent en vain. » Une maison bâtie par nous-mêmes risquerait bien de n'avoir pas de fondement solide.

Février 1916.

... Que Dieu seul conduise ma vie, que je Lui ai donnée, et qu'Il me garde dans Sa paix et dans une entière confiance en Son amour.

Carnet intime :

... Il faut garder l'assurance que Dieu nous conduit, même lorsque nous ne voyons pas clair. Dieu aime à nous conduire de telle sorte que nous soyons obligés de nous jeter sans réserve entre Ses bras. C'est lorsque nous nous sentons le plus faibles et incapables en face des circonstances que Dieu répond merveilleusement à nos prières.

Mars 1916.

... C'est peut-être dans les moments les plus difficiles que nous faisons le plus intensément l'expérience de la joie en Christ ; de cette joie qui découle de notre confiance dans l'amour du Père. Que Dieu nous donne de ne jamais voir s'affaiblir notre confiance en Lui ! Le Dieu d'amour veille sur nous.

La prière de Renée était exaucée ; un amour profond s'éveilla dans le cœur de celui que Dieu avait mis sur son chemin.

Le 17 mars 1916, le jour même de ses fiançailles avec Pierre de Benoît, elle écrivait à sa mère :

... Comment vous raconter toute mon émotion, ma joie, notre joie et notre immense reconnaissance. Dieu est si bon, je n'aurais jamais rêvé qu'Il conduirait toutes choses si merveilleusement et qu'Il mettrait tant de joie dans nos cœurs. Nous ne pouvons que beaucoup le remercier.

En face de l'avenir, que nous ignorons, nous nous sentons forts, parce que nous avons l'assurance que Dieu Lui-même veut que nous marchions ensemble.

Peu après, à son fiancé :

... Comme c'est bon d'être absolument sûrs que Dieu nous conduit. Il le fait souvent sans nous montrer la route au loin, mais à chaque pas Il se tient tout près, et, si nous sommes fidèles, Il ne permettra pas que nous fassions fausse route.

... Ce bonheur ne nous est nullement dû, nous ne devons pas l'attendre comme un droit ; c'est un don de Dieu, un de Ses plus grands dons. Sachons l'en remercier et le faire valoir.

Ce ne fut pas sans regret que Renée dit adieu à sa vocation d'infirmière et quelle se sépara de sa fidèle amie et compagne de travail.

Elle lui écrivait le 27 mars 1916 :

... Mon cœur est triste de t'abandonner ; si je n'étais pas entièrement sûre d'être dans le chemin de Dieu, et sûre aussi qu'Il prendra soin de toi, je ne pourrais pas être heureuse. J'ai beaucoup réfléchi à ces cinq années de travail, et ce n'est pas sans mélancolie que je quitte le bonnet et la croix du Bon Secours.

Toi, tu vas continuer à te donner tout entière à ceux qui souffrent ; ta tâche est belle, oh ! si belle ! et c'est peut-être au moment où je la quitte qu'elle m'apparaît dans toute sa beauté et sa grandeur.

... Je sens vivement combien c'est beau et

combien c'est sérieux, toute cette joie et ce bonheur dans ces temps si difficiles. Notre désir est d'apprendre ensemble à nous approcher de ceux qui souffrent et à les aimer.

... Si par hasard tu diriges tes pas le jour de Pâques du côté de l'église de Saint-Etienne, apportes-y pour moi une prière de reconnaissance et de louange, car c'est là que l'an passé, à Pâques, j'ai parlé à Dieu du grand désir de mon cœur, et qu'Il m'a donné cette paix et cette certitude qu'Il m'exaucerait.

Le Dr de Benoît, au moment de ses fiançailles, faisait un stage d'anatomie en vue de l'enseignement dans une faculté de médecine que différentes sociétés de mission voulaient fonder en Chine.

Mais un appel d'un tout autre genre allait se faire entendre. La guerre avait porté un coup douloureux à la belle œuvre de la mission de Bâle aux Indes. Les missionnaires allemands, qui formaient la grande majorité du personnel, avaient été internés ou rapatriés. En décembre 1915, la Délégation Missionnaire Suisse s'était formée pour porter secours aux quelques missionnaires suisses restés aux Indes.

La seule solution pour sauver l'œuvre en face d'une situation si critique, était de fonder une société uniquement suisse.

La Délégation Missionnaire Suisse se rendit compte qu'il fallait envoyer quelqu'un aux Indes, pour examiner la situation sur place, entrer en rapports directs avec les autorités anglaises et les représentants des grandes sociétés missionnaires anglaises et américaines.

Un appel réitéré fut adressé au Dr de Benoît, qui refusa d'abord à deux reprises ; mais, en face du cri de détresse venant des Indes, il comprit qu'il y avait là un appel de Dieu et il se décida à accepter cette lourde responsabilité. Sa décision, prise peu de temps avant son mariage, confirmait à son insu l'appel que Renée avait entendu pour les Indes bien des années auparavant.

Les passages suivants des lettres de Renée sont l'écho de la grave décision qui se préparait.

A son fiancé : 27 avril 1916.

Que Dieu dirige toute décision et qu'Il nous montre clairement Sa volonté. Je prie avec ardeur pour qu'Il te donne Son ordre de marche.

Nous voulons rester prêts à aller n'importe où et à partir n'importe quand. La moisson est grande, et nos cœurs ont hâte, n'est-il pas vrai ? d'apporter la bonne nouvelle à ceux qui ne la connaissent pas.

30 avril.

Tu ne sais pas combien je me réjouis à la pensée de cette tâche pour laquelle Dieu te prépare. Qu'Il me donne d'être pour toi la vraie compagne dont tu as besoin ! Maintenant que cet appel vient tout à nouveau, je me demande ce que tu vas faire. Dieu dirigera ta décision et Il m'apprendra, à moi, à rester bien tranquille devant Lui pour mieux écouter Sa parole. Il fera si beau travailler ensemble pour le Maître, et peut-être souffrir ensemble pour Lui. Qu'Il nous en rende digne, et qu'Il nous envoie Lui-même dans sa moisson, qui déjà blanchit.

2 mai.

Je demande à Dieu que notre vie à deux ne soit jamais arrêtée ou troublée par quoi que ce soit de mal en moi.

8 mai 1916.

Je voudrais pouvoir intercéder comme saint Paul, fléchir les genoux devant le Père, afin qu'Il te donne, selon la richesse de Sa grâce, d'être puissamment fortifié par Son Esprit dans l'homme intérieur, en sorte que Christ habite en toi, afin que tu connaisses Son amour, que tu sois rempli jusqu'à toute la plénitude de Dieu.

... Dans notre vie à deux, tu seras appelé à porter le message, à ouvrir la bouche pour annoncer hardiment et librement l'Evangile, et ma tâche à moi sera d'intercéder, afin que Dieu prépare les cœurs et qu'Il fasse germer et croître la semence que tu auras répandue.

14 mai.

Ma famille trouve que les choses vont bien vite ! Quant à moi, il y a une grande joie au fond de mon cœur. Si vraiment Dieu nous appelle à partir, ne serons-nous pas remplis de reconnaissance de ce qu'Il nous appelle dans sa moisson ? Qu'il fera bon partir ensemble !... Sur mer nous serons tranquille, nous aurons du temps pour méditer notre Bible et pour prier. (Elle pensait à un voyage de sept semaines par le Cap, pour éviter les sous-marins.)

Mais ce n'est pas sans émotion qu'elle envisageait la séparation d'avec les siens. Elle écrivait au mois d'avril à sa sœur Yvonne, peu avant le départ de celle-ci pour l'Amérique :

Oui, le cœur se serre en regardant au départ, mais où Dieu veut et comme Il veut, c'est là notre devise.

A son amie, à Nevers :

26 avril.

Nous venons d'avoir une grande réunion de famille à Crans, la dernière probablement pour de longues années. Nous étions trente-deux. Nous garderons longtemps le souvenir de ces belles journées de Pâques, où nous étions réunis. Pendant les années suivantes, où nous allons être dispersés dans le monde, nous revivrons en pensée ces moments heureux.

A son fiancé :

24 mai.

Nous avons fait, l'un et l'autre, l'expérience tellement vivante de l'amour de Dieu, de Sa Providence dans nos vies, du soin infini qu'Il a pris de nous, que nous pouvons parler de cet amour avec assurance.

25 mai.

Nous devons être les témoins de Christ, il me semble de plus en plus que c'est par notre vie de tous les jours, par la transformation de notre nature, que nous y arriverons. S. D. Gordon dit si bien que le monde a besoin d'hommes et de femmes ressemblant au Christ.

Si nous partons pour être Ses témoins aux extrémités de la terre, oh ! que nous partions réellement avec sa vie en nous !

Le mariage fut célébré dans la petite église de Crans le 3 juin 1916.

Renée écrivit à son amie quelques jours après :

... Le vrai bonheur est de se donner. Notre bonheur est grand de nous être donnés l'un à l'autre, mais ne serait pas entier et ne durerait peut-être pas toujours, si ensemble nous ne nous étions pas donnés à Dieu. Un seul et même but dans la vie nous gardera toujours unis.

A sa mère: 19 juin 1916.

Je me place de plus en plus en face de la vocation missionnaire. Que je suis contente que ce soit là ma vocation ! Que Dieu me revête de toutes ses armes pour lutter et vaincre pour Lui !

... Il y a dans le monde une lutte gigantesque entre le bien et le mal, et nous ne croyons pas assez à la présence de cet ennemi qui cherche à détourner les hommes de Dieu.

A son amie G. R.: 10 août 1916.

Dieu nous fait passer parfois par un chemin que nous n'avions pas choisi, et nous ne retrouvons notre confiance sereine et notre joie que lorsque notre volonté se soumet pleinement à la Sienne.

... La vie de notre âme a plus d'importance que notre vie ici-bas. Veillons soigneusement à ce qu'aucun désir, aucune ambition personnelle, n'entrave notre vie spirituelle.

... Soyons fidèles dans les petits devoirs journaliers que Dieu place devant nous et n'oublions pas que l'œuvre la plus importante de notre vie, c'est notre sanctification.

... Il y a parfois des occupations, des désirs, des affections, des lectures, des plaisirs, même légitimes, qui sont, sans que nous nous en doutions, des obstacles au développement de notre vie intérieure ; alors Dieu nous arrête, afin de nous montrer ce qui a pris une trop grande place dans nos cœurs. Nous ne pouvons que nous humilier et Le bénir de nous éduquer avec tant de patience et d'amour.

... La force qui peut nous aider est là près de nous, il s'agit seulement de la réclamer.

... Je suis toujours plus persuadée qu'il nous faut mettre un moment à part pour nous approcher de Dieu ; c'est là un acte d'obéissance et de foi auquel Dieu répond par des bénédictions plus grandes que nous ne pouvons le penser. Si, au commencement, nous le faisons par contrainte comme un devoir, bien vite ce devoir se change en privilège, et ces instants deviennent les meilleurs de notre journée et la source de notre force et de notre joie.

28 août.

Nous jouissons de Crans pendant ces belles journées de fin d'été. Avec un grand départ en perspective, on en jouit doublement et on voudrait se pénétrer, s'imprégner de l'image de tous ces coins aimés.

A son mari :

Genève, 11 novembre 1916.

Je demande à Dieu de me rendre fidèle dans ma tâche à moi, la prière ; quel puissant moyen, si je savais bien l'employer, pour t'aider et te soutenir !...

... C'est une telle joie pour moi d'être associée à tes préoccupations, à tes difficultés et à tes joies aussi..

... Tu sais, quelque chose de mon être est déjà là-bas aux Indes ; merci de m'emmener auprès de femmes moins privilégiées que moi, qui ont déjà tout mon amour. Dieu me donnera dans Sa grâce de pouvoir les aider, et peut-être de diriger leurs regards vers Lui.

Je me rappellerai toujours notre entretien d'il y a quelques semaines à Mézières, à la lisière du bois, quand il nous a semblé que Dieu ouvrait devant nous le chemin de la foi. Il nous y conduit déjà. Il le fera de plus en plus.

Prions et comptons sur Lui pour sauver des âmes :

« Mon âme compte sur le Seigneur
Plus que les gardes ne comptent sur le matin. »

Chapitre VI.

PREMIÈRE ANNÉE AUX INDES
1917.

Les de Benoit s'embarquaient le 17 janvier 1917 à Marseille, à bord de la *Medina*. La recrudescence de la guerre sous-marine rendait la Méditerranée de plus en plus dangereuse, et le nombre des bateaux torpillés était si considérable que deux semaines plus tard les gouvernements défendirent aux femmes et aux enfants de voyager sur mer.

Quelques jours avant de partir pour Marseille :

A son amie E. R. :

Berne, 2 janvier 1917.

Nous envisageons avec sérieux notre départ, nous rendant compte des dangers actuels, mais l'appel de Dieu est trop précis pour que nous puissions reculer en face du danger qui s'est accru. Si Dieu voulait reprendre notre vie, Il saurait employer ce sacrifice pour l'avancement de Son règne, et peut-être qu'une plus grande phalange se lèverait pour remplir les vides si grands dans la mission.

En attendant le bateau :

A son amie G. M. :

Marseille, 14 janvier 1917.

... Je puis te dire combien Dieu est bon pour nous, quel calme, quelle paix Il donne à nos cœurs... Nous sommes dans Sa main, aussi bien sur les flots que tranquillement à la maison...

A sa sœur Anne, à Paris, qu'elle ne devait pas revoir :

Marseille, 16 janvier.

C'est à toi que j'écris la dernière missive avant de quitter Marseille, car je n'ose indiquer à la maison la date de notre départ à cause de la censure. La *Médina* quittera le port demain vers midi... C'est un grand pas de nous séparer ainsi de tous nos bien-aimés, mais le hasard n'a pas de prise sur nos vies. Elles sont entre les mains de Celui qui en a fixé la durée.

Que Dieu soit avec vous et bénisse votre travail ! Restons unis en communion dans la prière. Toutes nos pensées affectueuses et un grand « Au revoir », si Dieu le veut !

A bord, 19 janvier.

Nous avons de pleines instructions en cas de danger. Nous ne devons jamais quitter nos ceintures de sauvetage. Chacun a sa chaloupe indiquée à l'avance, et, si elle est endommagée, il doit sauter à l'eau du côté opposé au remous. Il faut être chaudement vêtus, et la nuit nous restons presque habillés, quoique le danger soit beaucoup moins grand dès qu'il fait sombre. Le matin, nous nous levons de bonne heure pour être prêts lorsque le jour commence à poindre...

Nous sommes bien reconnaissants d'avoir été gardés jusqu'ici et restons calmes et confiants en face des jours dangereux qui restent devant nous.

A bord, 22 janvier.

Nous voguons maintenant en pleine mer, faisant de continuels zig-zags et de grands détours pour échapper aux sous-marins. A table, nous sommes à côté de deux jeunes Anglais qui ont déjà été torpillés deux fois.

Canal de Suez, 24 janvier.

Je voudrais aujourd'hui vous décrire le calme et la paix délicieuse que nous éprouvons après six jours de trajet angoissant sur la Méditerranée...

... La prière de tous nos bien-aimés n'a pas été vaine, et nous avons d'autant plus la certitude que Dieu nous a Lui-même appelés à la tâche qui est devant nous. Après avoir traversé cette Méditerranée, où notre vie aurait pu nous être reprise, il nous semble que Dieu nous la donne tout de nouvau, et, pleins de reconnaissance, nous l'avons mise entièrement à Son service.

Arrivée à *Bombay*[1] le 3 février, Renée décrit ses premières impressions :

... En traversant les rues de Bombay, tout me semblait si étrange, si différent de chez nous. Je n'avais pas assez de mes yeux pour regarder et observer. Maintenant, je me suis habituée aux peaux brunes, à voir les bébés assis tout nus dans la poussière de la route, les garçons et les fillettes courant dans le costume le plus primitif, une petite chaîne d'acier autour des reins, les hommes avec une légère étoffe drapée autour de la taille, avec des cheveux longs, des chignons ou des tonsures extraordinaires.

Dans la ville, on ne voit que de très pauvres femmes, pas belles, et qui n'ont certes pas l'air d'être heureuses ; elles portent de lourds far-

[1] La *Medina* fut torpillée dans la Manche, à son retour. Les lettres suivantes, datées des Indes, sont pour la plupart adressées par Renée à ses parents.

deaux sur la tête, cassent des pierres au bord des routes et mettent leur gloire, celles qui le peuvent, dans d'affreux bijoux perçant leur narine ou déformant leurs oreilles.

Le 8 février, Renée et son mari vont assister au mariage du missionnaire Schwab, dont la fiancée, Mlle Wyss, a voyagé avec eux. La noce a lieu à *Betgeri*, station missionnaire des Mahrattes, district pauvre, où la malaria, la dysenterie, la peste et d'autres épidémies font de grands ravages parmi les indigènes. Le cœur de Renée se serre en voyant le bel hôpital missionnaire resté sans médecin depuis des années. Elle écrit :

... Toute la population est très anxieuse d'avoir bientôt un nouveau médecin, et deux députations d'indigènes éminents sont venues demander à Pierre de rester au milieu d'eux. La visite de cette première station missionnaire a été pleine d'intérêt pour moi... Je ne m'étais pas du tout imaginé la vie des indigènes si rudimentaire.

Pendant un court séjour à Madras, où ils sont les hôtes de l'évêque et de Mme Whitehead, les de Benoit prennent contact avec les cercles missionnaires et le gouvernement. Puis ils vont passer dix jours à *Mangalore*, principale station de la mission de Bâle sur la côte occidentale. De là Renée écrit à la fin de février 1917 :

Pendant cette semaine passée à Mangalore, j'ai pu jeter un coup d'œil sur l'activité missionnaire. La congrégation des chrétiens s'élève à environ 3000. Le dimanche matin, à l'église, le nombreux auditoire attentif et recueilli m'a fait une grande impression. Les service dirigé par un pasteur indigène, était en canarais, en sorte que nous n'avons pas pu en profiter. Mais nous avons pensé à tous les efforts, les luttes, les sacrifices et les prières qu'il a fallu pour remporter cette victoire sur le paganisme.

Un jour, nous sommes descendus dans les quartiers de la ville indigène, Mme Luethi, deux lectrices de la Bible et moi. Nous avons pénétré dans plusieurs intérieurs. Les maisons indigènes qui ne sont pas de simples huttes possèdent une espèce de vérandah. C'est un espace très petit parfois, abrité du soleil et des regards indiscrets des passants par des nattes ou des feuilles de palmier. C'est là que nous nous installions, les femmes indigénes naturellement par terre, et nous sur le pliant. Une des lectrices commençait à leur parler, lisait un récit biblique ou montrait des images. Les images ont un pouvoir étonnant. En un instant l'auditoire était doublé, et je n'ai jamais vu une expression de ravissement telle que celle de ces visages, jeunes et vieux, qui ne se lassaient pas de regarder. Lorsqu'il se trouvait des hommes présents, la conversation se changeait en discussion. L'un d'entre eux, un brahmane, déclarait que tout ce qui est visible n'est que « Maya », c'est-à-dire imagination ; tout ce qu'on voit n'existe pas, n'est pas réel. Un autre, un guérisseur par magie, ayant à plusieurs reprises déjà entendu parler de l'Evangile, déclarait que, si nous professions de suivre le Christ, nous devrions aussi être capables de faire les miracles qu'Il faisait !

Cette journée a été pleine d'intérêt et de nouveauté pour moi. Je me réjouis infiniment du temps où nous saurons une des langues du pays pour pouvoir pénétrer librement dans les intérieurs, apprendre à connaître le peuple.

... Nous avons visité une fabrique de briques occupant 400 ouvriers [1]. Il y a toute une industrie à domicile, pour les femmes, dont une demoiselle missionnaire s'occupe. Une autre a la charge des écoles de jeunes filles, avec plusieurs centaines d'élèves. On aurait un urgent besoin de

[1] La Société commerciale de la Mission de Bâle possédait aux Indes une douzaine de fabriques, briqueteries, tissages, etc., donnant du travail à environ quatre mille ouvriers, dont les trois quarts étaient chrétiens.

renfort. Le travail est bien grand pour si peu d'ouvriers.

... Comment te dire mon impression en face de cette tâche qui s'est ouverte devant moi ? Si l'on pense aux difficultés et aux sacrifices, on pourrait être vite découragé ; mais il vaut la peine de lutter, de se donner et de quitter ses bien-aimés, si dans Sa grâce Dieu veut bien nous employer pour répandre sa lumière et Son amour, qui transforment merveilleusement les cœurs et les vies. Que Dieu nous donne un profond amour pour les âmes de ce peuple ! Il faut que l'Esprit de Dieu agisse puissamment ici, comme dans le monde entier.

C'est à *Calicut,* la capitale du Malabar, que les de Benoit vont se fixer, et c'est là que Renée passera la plus grande partie de ses deux années aux Indes. Pendant les fréquentes absences de son mari, Renée resta souvent seule ; mais elle fut entourée par les missionnaires de la station et se lia spécialement avec Mlle Meyer, qui habitait dans la même maison, et avec Mme Stokes, la femme du médecin-missionnaire. Elle fit aussi la connaissance de quelques dames de la colonie anglaise.

L'Eglise missionnaire du Malabar, avec ses 8000 chrétiens, passait depuis plus d'une année par une crise grave.

Profitant de l'état de désorganisation de la mission,

l'ennemi des âmes avait réussi à semer partout la discorde et un esprit d'insubordination, et ce fut un temps bien difficile jusqu'à ce que la paix fût rétablie. Renée partageait toutes ces difficultés et tous les soucis de son mari et le soutenait fidèlement de ses prières.

Elle écrivait à l'une de ses sœurs le 9 avril 1917 :

Nous avons été bien humiliés et tristes de voir entre chrétiens tant de discordes, de manque de compréhension et d'amour. Avant que la Mission puisse être réorganisée, il faut que cet esprit disparaisse pour faire place à l'esprit du Christ. Nous sentons le besoin urgent d'un réveil dans toutes ces Eglises. C'est là notre grande préoccupation ; nous avons l'assurance que nous osons le demander et nous comptons l'obtenir. Nous pouvons déjà louer Dieu d'avoir quelque peu transformé les sentiments des cœurs et amené un certain accord. Son Eglise doit être une lumière qui éclaire, une source d'où la vraie vie doit découler.

Dès son arrivée, Renée s'occupe de l'Union Chrétienne de jeunes filles, fréquentée surtout par des Eurasiennes. Elle est profondément peinée par le manque de vie religieuse qu'elle y rencontre. Souvent on n'y entend pas un mot de religion, ni une prière, ni un cantique, et les études bibliques sont très rares. En face de cette situation, Renée se sent bien faible ; elle écrit :

La lutte contre l'ennemi est grande, peut-être plus difficile qu'en Suisse, et il faut que là-bas on comprenne davantage nos difficultés et qu'on nous aide à les vaincre en intercédant pour nous.

Les lettres suivantes sont datées de *Kotagiri* dans les Nilgiris ou Montagnes Bleues, où un grand nombre de missionnaires et d'autres Européens vont passer chaque année quelques semaines, pour éviter les plus grosses chaleurs et reprendre des forces physiques et morales. C'était l'occasion de faire des connaissances utiles et les de Benoit y furent retenus jusqu'à la fin de juin par des entrevues avec le gouvernement de Madras, dont la capitale d'été, Ootacamund, n'est pas éloignée de Kotagiri. Les Nilgiris sont un massif d'environ 2000 mètres d'altitude, qui s'élève brusquement de la plaine au sud de l'Inde.

Kotagiri, avril 1917.

... Pour arriver à ce délicieux endroit, nous avons fait une nuit en chemin de fer et trois heures et demie de montée en train de montagne. On commence par traverser de grandes forêts de palmiers, puis d'épaisses jungles, d'impénétrables fourrés, repaires de tigres et d'autres bêtes sauvages. Plus haut, ce sont des plantations de café, de thé, et, à mesure qu'on s'élève, l'air devient plus frais... Tout était vert et bien différent de la plaine brûlée qui, au loin, s'étendait derrière nous.

A partir de l'arrêt du train, il y a encore une vingtaine de kilomètres, que l'on fait généralement en « ricsha », légère voiturette tirée par un ou plusieurs hommes. Je déteste ce mode de locomotion, et je me suis promis de n'en pas user. Une seule fois j'ai été forcée de le faire, à Madras, à contre-cœur. J'ai dû obéir ; mais au bout d'un moment, la sueur coulait en ruisseau sur le dos de mon homme, et, n'y pouvant plus tenir, j'ai fini la course à pied [1]. Cette fois-ci j'ai eu la chance, étant avec un vieux couple de missionnaires malades, de pouvoir aller avec eux en auto.

... Nous continuons avec ardeur l'étude du Malayalam. Nous avons appris à lire et à écrire, et nous nous débattons avec les règles de grammaire et les tournures de phrases. Les mots sont difficiles à mémoriser, ce sont des sons si inaccoutumés.

Kotagiri, 2 mai 1917.

La situation de la mission est toujours très incertaine. Quelle est la pensée de Dieu ? Nous sentons plus que jamais notre impuissance. Il nous faut tout remettre à Dieu... Nous sommes

[1] Il s'agissait d'une bonne demi-heure à pied, par la plus grosse chaleur tropicale, et leurs hôtes anglais les ont bien grondés à leur retour.

devant un problème insoluble. Si nous n'avions pas la certitude que Dieu Lui-même nous a conduits ici, nous n'aurions pas le courage d'aller de l'avant. Il a déjà fait de grandes choses pour nous, et, si c'est Sa volonté que l'œuvre continue, Il peut en faire de plus grandes encore. Dernièrement, lors d'une convention religieuse, nous avons eu comme une vision de la puissance de Dieu, dont les desseins s'accomplissent, et une vision des richesses de Christ qui sont là pour répondre à nos besoins. Nous voulons donc aller de l'avant en intercédant, en priant, et en nous humiliant. Nous désirons que nos vies soient dans une étroite communion avec Dieu, pour que nous puissions connaître Sa volonté.

Kotagiri, 21 juin 1917.

Comme l'ennemi semble puissant et actif, et combien nous avons besoin de veiller et de prier pour rester fermes dans la communion de Dieu !

Nous venons de faire notre culte. Nous avons lu Héb. 11 et 12, ces magnifiques chapitres sur la foi, ce *regard* de la foi qui fait contempler au croyant des choses qu'on ne voit pas encore (Héb. 11 : 1, 7, 13, 20, 26, 27), qui permet de contempler un Dieu d'amour au travers des temps les plus obscurs, au travers d'une guerre comme celle-ci ou des épreuves les plus poignantes. Beaucoup de gens ont perdu ce regard de la foi ; l'ennemi a trouvé moyen de voiler la vision de ce Dieu d'amour.

Quelques jours plus tard :

... Nous avons un tel besoin de vos prières. Il semble presque impossible de continuer un travail si vaste avec une si petite poignée de missionnaires. Et quand recevrons-nous du renfort ? Mais Dieu voit, — Il sait, — Il peut. —

Les lettres datées de Kotagiri sont riches en passages parlant de *l'influence spirituelle du missionnaire* :

... J'ai médité sur l'action de l'Esprit de Dieu en nous. Oh ! combien je la désire ! mais que d'obstacles dans mon propre cœur ! Nous sentons si vivement que l'activité la plus grande sans le concours de l'Esprit est vaine et stérile.

... Les missionnaires peuvent et doivent de plus en plus remettre les activités exétieures aux indigènes, et leur but principal doit être d'approfondir la vie religieuse de nos aides indigènes, pasteurs, catéchistes, évangélistes, maîtres d'écoles, lectrices de la Bible. Si facilement on risque de s'endormir, de faire son travail journalier par routine, sans cet amour brûlant et ce zèle infatigable de gagner des âmes à Christ. Au lieu d'être des inspecteurs et des maîtres, les missionnaires doivent devenir des inspirateurs de vie...

... Ne pas nous contenter d'amener les âmes à Christ, mais lutter et prier jusqu'à ce que l'Esprit les ait purifiées, pour que Christ puisse habiter en elles.

... Nous avons passé ces derniers jours par des expériences profondes, que nous n'oublierons pas. Dieu nous a montré combien peu nous étions ce que nous devrions être, je veux parler de notre vie intérieure, de cette mort au péché, de cette vie semblable à Christ qui doit être la nôtre. On regarde aux missionnaires comme à des conducteurs spirituels. Ils donnent l'exemple, ils doivent montrer aux autres leurs fautes. Vous comprenez tout le danger et combien il faut pour cette tâche être soi-même transformé par l'Esprit de Dieu.

... Si la vie religieuse des chrétiens doit devenir plus qu'une forme, il nous faut prier, comme les apôtres, pour qu'ils reçoivent le Saint-Esprit après avoir été baptisés. (Actes 8 : 15). Nous comptons sur un réveil, aidez-nous de vos prières.

... Pendant ce temps d'attente, d'incertitude

sur l'avenir, notre grande tâche est dans la méditation, la prière, l'intercession. Là, je puis me joindre à Pierre, nous pouvons nous encourager, lutter ensemble, mettre le temps nécessaire à part, laisser les autres préoccupations de côté. Le climat vous rend mous et indolents, mais l'Esprit de Dieu peut vaincre ces obstacles. « Notre capacité vient de Lui. » (2 Cor. 3 : 5-6).

10 juin 1917.

Combien je désire que Dieu puisse m'employer pour attirer à Lui quelques âmes ; ma prière, ces derniers temps, est qu'il m'humilie profondément devant Lui. Oh ! combien peu je vois encore tout mon péché, mon néant, tout ce qui me sépare de Sa sainteté ! J'ai été frappée par la pensée que le Saint-Esprit est descendu sur le Christ après cet acte d'humiliation, ce baptême de repentance, dont Il n'avait certes pas besoin. Il me semble que Dieu ne peut nous donner Ses grandes bénédictions que lorsqu'Il aura ouvert nos yeux et que nous aurons profondément souffert de notre péché. Les béatitudes nous parlent de cela : Heureux les pauvres en esprit, le royaume des cieux, les bénédictions spirituelles sont pour les humbles. Heureux les affligés, ceux qui pleurent sur leurs fautes ; après avoir connu cette tristesse, ils connaîtront avec puissance la joie du pardon. Heureux ceux qui ont faim et soif de justice, c'est-à-dire qui sentent toute leur misère et leurs péchés, qui ont besoin du Christ et de Sa justification ; ils posséderont alors Sa vie en abondance.

Mère chérie, priez avec moi pour que Dieu ne me laisse aucun repos avant de m'avoir profondément humiliée, vidée de moi-même, pour que ma vie, où qu'Il me place, ne reste pas stérile, mais porte des fruits à Sa gloire.

Après la mort de***
Fragment de lettre.

Quel avertissement pour nous ! La mort peut être plus près de nous que nous ne le pensons. Que Dieu poursuive son œuvre en nous pour nous préparer à Le rencontrer quand l'heure aura sonné.

Une heure viendra où nous devrons tous Le rencontrer. Ce qui importe, c'est d'attendre cette heure avec joie... Suivre Ses traces... Comme Lui, aimer les plus petits, les plus souffrants, et nous approcher d'eux.

Juillet 1917.

Dieu aime à nous conduire pas à pas, sans nous montrer au loin le chemin qu'Il nous prépare. Il nous veut souples et obéissants, prêts à aller *n'importe ou où n'importe quand.* Il demande une consécration entière, inconditionnelle à Son Service.

De retour à Calicut, au début de la saison des pluies :

23 juillet 1917.

Ce matin, c'est encore la pluie ; tout moisit, les chaussures, les habits dans l'armoire, les livres, etc. Le sel fond sur la table, et le pain a un goût de moisi. L'air est lourd et saturé d'humidité. Nous avons des gouttières dans la maison ; cela arrive souvent par ces pluies torrentielles. Nous avons aussi toutes sortes d'aventures avec les bêtes ; les rats mangent savon et bougies jusque sur ma table de nuit, les fourmis pénètrent dans le garde-manger, les termites rongent les poutres, revenant avec ténacité à peine chassées. Même nos tubes de métal ont été attaqués par des scarabées. Il faut s'y accoutumer et être un peu philosophes.

Calicut, 7 août 1917.

Quelles expériences bénies nous faisons dans les temps difficiles ! Dieu a toujours un but, c'est de nous faire monter ; et un de Ses moyens, c'est la souffrance.

Les pensées de Renée s'envolent bien souvent vers ses bien-aimés :

5 août.

Quelle heureuse journée que celle qui nous apporte les missives du pays ! J'aime attendre d'avoir un moment bien tranquille pour les lire, et pour quelques instants j'oublie les Indes et tout ce qui m'entoure, et je vis avec vous et tous ceux dont vous me parlez.

Dites de ma part à Alec, à Jean et à Inès de jouir autant que possible de leur belle vie de famille, de ce beau Crans, de tous leurs privilèges. Peut-être qu'une fois aussi ils seront appelés à quitter tout cela. Heureusement la distance ne nous sépare que matériellement et ne peut mettre de barrière à l'affection qui nous unit. Au contraire, elle ne fait qu'augmenter, dans le cœur de ceux qui sont au loin, l'amour pour tous leurs bien-aimés.

25 septembre 1917.

Je me représente souvent et d'une manière si vivante les journées claires et lumineuses de septembre, les vues magnifiques des montagnes, le lac si calme ; et puis c'est le souvenir de cette belle vie de famille, faite de joies et de bonheur, et que nous vous devons, qui vient hanter mes pensées et me faire souvent désirer vous revoir tous.

A une amie:

11 décembre 1917.

... Il semble quelquefois que l'on soit comme « coupé » de tous ceux que l'on aime, [1] et pourtant les bateaux pourraient s'arrêter de circuler, le télégraphe refuser ses services, les cœurs qui s'aiment restent en communion, unis les uns aux autres par Celui qui veille sur nous et qui nous aime.

A sa sœur Yvonne, en Amérique:

Kotagiri, 20 mai 1917.

Plus nous avancerons, plus nous nous sentirons unies l'une à l'autre. Nous avons vécu l'une près de l'autre nos joyeuses années d'enfance et maintenant, quoique bien éloignées, Dieu nous permet de faire les mêmes expériences, et notre affection en est fortifiée. Avec toi, mon cœur est rempli d'émotion en pensant à tous nos bien-aimés laissés loin derrière nous.

L'autre jour j'ai entendu un missionnaire parler sur ce beau passage de Paul aux Philippiens : « Oubliant ce qui est en arrière, et me

[1] Allusion aux sous-marins qui coupaient les communications.

portant vers ce qui est en avant, je cours vers le but... » Il m'a montré tout ce que l'apôtre avait dû laisser derrière lui, sa position en vue, etc. ; mais ses pensées ne s'arrêtaient pas à cela, il l'oubliait, pour pouvoir mieux aller de l'avant. Cela m'a fait réfléchir et comprendre que Dieu nous demande un peu la même chose. Nous ne devons pas permettre à nos pensées, lorsqu'elles retournent vers nos bien-aimés, de faire naître du regret dans nos cœurs, nous devons en quelque sorte « oublier », pour aller de l'avant avec plus de courage et sans entrave. Tu comprends dans quel sens je le dis. Nos bien-aimés sont une aide immense pour nous, et nous ne serons jamais assez reconnaissants envers Dieu de nous les avoir donnés. Quel réconfort, ces bonnes lettres de maman !

Quelques jours après la naissance de sa fille, Renée écrit à sa mère :

Calicut, 4 septembre 1917.

Combien je voudrais vous avoir à côté de moi un instant pour vous faire partager ma joie et mon bonheur ! Noscœurs sont remplis de reconnaissance envers Celui qui vient de nous faire un si grand don. Claire-Lise dort paisiblement à côté de moi dans son berceau bleu...

A son amie :

Septembre.

... Et voilà qu'au milieu des angoisses de ces temps si troublés, Dieu sème encore de grandes joies sur le chemin de Ses enfants. Notre petite Claire-Lise ne se doute pas des temps de détresse dans lesquels elle a fait son apparition.

En face de ce don de Dieu, je pense à cette parole : « Dieu accomplit les désirs de ceux qui Le craignent. » Tu sais comment Dieu a si richement répondu aux désirs de mon cœur. Oh ! de quel amour notre Père céleste nous entoure !

Claire-Lise m'a déjà appris plus d'une leçon, quel abandon, quelle confiance dans un petit être si dépendant !

Calicut, 16 octobre 1917.

Je voudrais maintenant que vous puissiez nous voir. Il est neuf heures du soir, Pierre lit, et, tout en écrivant, je tiens Claire-Lise sur mes genoux. C'est son heure favorite, elle dort rarement alors et reste si tranquille à nous faire de délicieux sourires. Pierre s'interrompt souvent pour la regarder, et moi je n'aurais jamais cru que le mot de fille pût devenir si doux lorsqu'on pouvait dire « ma fille ».

... Ici, on apprend à ne pas s'attacher aux choses : « La teigne et la rouille détruisent, les voleurs percent et dérobent. » Je vous ai raconté comment nous avons été cambriolés... mes robes ont des taches de rouille, notre linge est rongé par les insectes, et nos livres sont abîmés par l'humidité. Mais on prend son parti de toutes ces petites misères...

15 octobre.

... Il est bon de rester en silence devant Lui pour écouter. Nous lisons le prophète Jérémie. Ses paroles peuvent si bien s'adapter au temps présent, et nous nous demandons pourquoi il n'y a pas de prophètes maintenant pour élever la voix, pour déclarer que c'est notre péché, notre éloignement de Dieu, qui a amené ces terribles jugements sur le monde entier. Dieu n'est pas plus silencieux maintenant qu'autrefois. Il parle encore, mais nos oreilles n'entendent pas, nos yeux ne voient pas et nous ne savons pas garder le silence pour écouter.

4 novembre 1917.

... Il nous apparaît toujours plus clairement que l'humilité est la qualité essentielle du missionnaire, qui est facilement tenté de se croire au-dessus de ceux qui l'entourent. Dieu doit nous donner toute la sagesse, le tact, l'humilité et l'amour nécessaires pour savoir comment agir. Je crois que nous ne prenons pas assez au sérieux le sermon sur la montagne. Dieu veut de l'extraordinaire dans nos vies. Si nos armes ne sont pas spirituelles, si nous ne savons pas nous effacer, si nous voulons dominer, si nous résistons à la violence, si nous ne sommes pas pauvres en esprit, que faisons-nous d'extraordinaire?

.. Nous ne devons pas nous contenter d'un certain idéal chrétien, mais chercher vraiment à posséder l'Esprit du Christ, qui nous donnera la puissance d'aimer ceux qui ne nous aiment pas, d'aller au-devant des exigences, de donner plus que l'on demande de nous, de ne pas juger, de rester doux et humbles de cœur en face de ceux qui nous attaquent, en un mot — d'agir comme le Christ, ce qui paraît une folie aux yeux du monde. — ... Que Dieu fasse Son œuvre de sanctification afin que nos vies purifiées Le glorifient !

A sa sœur Anne, à Paris :

16 décembre 1917.

La situation de la mission semble devenir toujours plus inquiétante. C'est un vrai miracle que l'œuvre puisse continuer avec la petite poignée d'hommes qui nous restent. Quelques-uns sont seuls sur des stations où il y avait dix missionnaires auparavant. Plusieurs sont très fatigués, et nous n'osons pas compter sur un renfort avant deux ou trois ans. Mais Dieu a merveilleusement aidé jusqu'à présent. Quel réconfort de savoir qu'Il connaît et sait toutes choses ! Ce mot du psaume 103 m'a frappée : « L'Eternel a compassion... Car il sait de quoi nous sommes faits... Il se souvient que nous sommes poussière. » Et Il peut suppléer à notre faiblesse.

Chapitre VII

FIN DU SÉJOUR AUX INDES (1918)
RETOUR ET DERNIÈRE MALADIE (1919)

En lisant les fragments de lettres qui suivent, on sera frappé de l'importance que Renée attache de plus en plus à la sanctification personnelle, qu'elle place bien au-dessus de l'activité extérieure pour Dieu. Ce sujet est si important que nous n'avons pas craint quelques répétitions. Certains passages sont comme l'écho de l'œuvre que l'Esprit de Dieu achevait dans l'âme de Renée pendant cette année 1918, qui devait être la dernière de sa vie.

A sa mère:

Calicut, 12 janvier 1918.

Si je n'avais pas été effrayée pour Claire-Lise, du long voyage de deux jours et de deux nuits j'aurais accompagné Pierre aux Mahrattes du

Sud. J'aurais voulu aller voir Mme Schwab, qui s'est beaucoup fatiguée en soignant nuit et jour de pauvres enfants trouvés à moitié morts de faim. Une autre chose me retient aussi. J'ai été nommée secrétaire de l'Union chrétienne de Jeunes filles de Calicut. J'ai la responsabilité d'organiser les réunions chaque semaine et de préparer moi-même la plupart des études bibliques. Nous attendons une secrétaire du Comité général, et je dois être ici pour la recevoir. Voilà un travail que Dieu m'a donné. J'ai eu un peu peur lorsque j'ai appris que je serais nommée ; puis j'ai senti que Dieu m'aiderait ; et Il l'a déjà fait.

J'ai eu ma première étude biblique ; Dieu en avait béni la préparation et m'a si visiblement aidée, même pour l'anglais, que je ne parle pas encore très couramment. J'ai été toute surprise lorsque Mrs. Stokes m'a dit que je n'avais fait aucune faute.

C'est si bon de faire toujours à nouveau l'expérience de la bonté de Dieu. Oh ! oui, Il exauce les prières et Il veut faire de nous une source de bénédiction.

Calicut, février 1918.

Nous avons appris tant de choses pendant cette première année, Dieu nous a conduits par des expériences que nous n'oublierons pas.

Il veut avaut tout que nous apprenions de Lui à être doux et humbles de cœur. Il est difficile de posséder la douceur de Jésus-Christ, et tout particulièrement dans ce pays, où le climat vous rend plus facilement irritables. Il y a ici plus de disputes pour des riens, plus de susceptibilité que chez nous. Pour lutter contre ce mal, il faut l'avoir d'abord bien déraciné de son propre cœur. C'est seulement par la douceur et l'humilité que nous pourrons vaincre.

... Nous avons fait l'expérience que par la foi et la prière nous pouvons renverser des forteresses. Nous avons appris à mieux prier. Jamais nous n'avons prié avec autant d'intensité que depuis que nous sommes ici dans la lutte. Nous avons appris à méditer davantage, je ne puis vous dire ce qu'ont été pour moi nos cultes à deux. Nous avons appris à réfléchir, à penser, à étudier plus méthodiquement notre Bible, et Dieu nous a parlé par Sa parole. Nous ne pourrons jamais assez louer et bénir la suprême bonté de notre Dieu et toute Sa fidélité envers nous.

6 février 1918.

Après plus de deux mois de long silence[1],

[1] La guerre sous-marine entravait de plus en plus le service potal.

quelle joie de recevoir ces derniers jours dix-huit lettres et une dizaine de cartes !

... Pierre est de nouveau absent ; pendant ces longues séparations, Mlle Meyer, la directrice de l'internat de jeunes filles, demeure avec moi. J'ai trouvé en elle une précieuse amie, et je me sentirais beaucoup plus seule, si je ne l'avais pas dans la maison.

3 mars 1918.

Nous venons de traverser une semaine bien remplie, nous avons eu une conférence générale de tous nos missionnaires à Calicut. Il a fallu s'ingénier pour loger vingt-deux personnes dans les cinq ménages qui sont ici. Les séances ont eu lieu chez nous, et nous sommes arrivés à de grandes décisions.

Cette conférence générale des missionnaires suisses en face de l'impossibilité de recevoir les renforts espérés, dut prendre la douloureuse décision d'abandonner toute une partie du champ de travail de l'ancienne Mission de Bâle, principalement le beau district de Malabar. Puis, pour obtenir du gouvernement l'autorisation de continuer l'œuvre missionnaire dans les districts de langue canaraise, il fallait tenter de constituer une société missionnaire suisse aux Indes.

23 mars.

Pierre va demander à Madras l'autorisation d'enregistrer la nouvelle société, c'est le dernier espoir pour continuer une partie du travail. Mais il nous faut abandonner, faute de personnel, tout le district de Malabar. C'est navrant d'arriver à la fermeture d'écoles et d'orphelinats si nécessaires ici. Il nous faudra renoncer à l'étude du Malayalam, et, si Dieu ouvre la porte, nous mettre avec courage au Canarais, langue tout à fait différente.

Dans une lettre de Renée à sa sœur Odette (mars 1918), elle lui parle d'un jeune Hindou, Sundar Singh, qui exerce actuellement une profonde influence aux Indes, et dont la prédication attire des foules.

Ce jeune homme, de trente ans à peine, converti à quatorze ans, persécuté par sa famille et par son peuple, s'est retiré du monde, pour répondre à l'appel de Dieu et, revêtu de la longue robe jaune safran portée par les saints hindous (Sâdhous), ne possédant que son Nouveau Testament, il parcourt son pays pour annoncer l'Evangile. Malgré de violentes persécutions, il a pu pénétrer jusque dans le Thibet.

Il n'accepte pas d'argent et vit de ce qu'il reçoit. Il lui est arrivé parfois de rester plusieurs jours sans manger, ou de se contenter de quelques feuilles trouvées dans la campagne.

A son passage à Calicut, Sundar Singh est venu s'asseoir à la table des de Benoit, et partager leur repas. C'est de la bouche même du Sâdhou que Renée tenait le récit suivant de la merveilleuse délivrance dont il a été l'objet :

... Chassé brutalement par la population du village où il venait d'annoncer l'Evangile, Sundar Singh cherche un refuge dans une caverne au milieu de la forêt voisine et s'apprête à y passer la nuit. Soudain une bande d'hommes armés s'avance vers lui. Sa dernière heure semble venue, et fermant les yeux, il élève son âme à Dieu, se préparant à Le rencontrer. A sa surprise, quelques instants après, sans comprendre ce qui s'est passé, il se retrouve seul. Il se couche et s'endort paisiblement. Le lendemain, à son réveil, la même bande d'hommes armés est là devant lui ; comme la veille, il fait le sacrifice de sa vie : « Me voici », leur dit-il, en s'avançant vers eux, « faites de moi ce que vous voulez ».

Mais, au lieu de se saisir de lui, ces hommes lui dirent : « Nous ne sommes pas venus ce matin pour te faire du mal, mais pour te demander qui était auprès de toi hier soir. Nous avions en effet l'intention de te tuer, mais il y avait tant de monde autour de toi que nous n'avons pu t'approcher. »

Sundar Singh comprit que Dieu avait envoyé ses anges pour le protéger.

Sa vie est remplie d'expériences miraculeuses comme celle des apôtres. Vie de renoncement entier, donnée sans retour à son Dieu ; vie de persécution et de souffrance, mais remplie d'une joie débordante, incompréhensible à ceux qui ne connaissent pas Jésus ; vie pauvre aux yeux du monde, mais possédant la puissance d'En-Haut.

Kotagiri, 29 mars.

... On aimerait être avec les siens, partager avec ceux qu'on aime les angoisses des temps actuels. Mais je suis prête, si Dieu nous conduit, à rester aux Indes aussi longtemps qu'il le faudra.

A sa mère pour sa fête:

Kotagiri, 6 avril.

« Que le Dieu de l'espérance vous remplisse de toute joie et de toute paix dans la foi, pour que vous abondiez en espérance, par la puissance du Saint-Esprit. » (Rom. 15 : 13.)

Oui, nous pouvons et il nous faut nous réjouir dans la ferme attente des choses promises, de la victoire du Christ et de Sa venue. Oh ! si nous soupirions davantage pour Sa venue, si l'Eglise était plus pénétrée de cet amour d'une fiancée pour son fiancé, et attendait le Christ dans cet esprit-là, ne viendrait-il pas bientôt ?

A sa sœur Yvonne, en Argentine:

Kotagiri, avril 1918.

Je comprends si bien que la communion religieuse avec d'autres chrétiens te manque ; j'éprouve aussi ce sentiment, surtout dans la plaine, où je ne puis comprendre les cultes en Malayalam. Mais je crois tout de même que nous sommes parmi les privilégiées, car à la maison nous n'aurions pas fait toutes les expériences que Dieu nous a donné de faire ici.

Une des grandes leçons que j'ai apprises, c'est qu'il nous est impossible de suivre Jésus, si nous ne sommes pas doux et humbles de cœur comme Lui.

Est-ce que les chrétiens ne mettent pas trop de côté ces traits essentiels du caractère du Christ. Est-ce que le principe de la force, l'esprit de domination qui règne dans le monde n'ont pas un peu déteint dans nos vies, et mis de côté cet esprit d'humilité et de parfaite douceur que chacun devrait reconnaître en nous ?

J'ai aussi mieux compris ces derniers temps que les fruits que nous devons porter et qui honorent le Père, ne sont pas avant tout ces œuvres extérieures que nous voudrions toujours, avec tant d'ardeur, accomplir pour Lui, mais des œuvres de sanctification, d'obéissance et d'amour, — les fruits de l'Esprit dont Paul parle aux Galates.

Renée développe ce sujet dans plusieurs lettres datées de cette époque et attache une grande importance à cette pensée centrale de la vie chrétienne : « Celui qui demeure en moi porte beaucoup de fruits » (Jean 15 : 5). Porter du fruit, ce n'est pas tout d'abord travailler, agir, même conduire les âmes à Christ ; mais c'est se sanctifier pour les autres, grandir dans l'amour, la joie, la paix, la patience, la douceur... (Gal. 5 : 22-23).

...Si, pendant cette première année aux Indes, je n'ai guère pu travailler directement pour Dieu, ne sachant pas la langue, Il m'a permis de m'approcher davantage de Lui, j'ai appris à Le comprendre et à L'aimer mieux, et si ma vie entière est sous le contrôle de Son Esprit, tout naturellement Il pourra m'employer pour Son service et me permettre de Le glorifier.

A son amie, Sœur Rose-Marie :

13 avril.

J'aime tant la prière de Paul pour les Thessaloniciens : « Nous prions continuellement pour vous, afin que notre Dieu vous juge dignes de la vocation, et qu'Il accomplisse par Sa puissance tous les desseins bienveillants de Sa bonté, et l'œuvre de votre foi, pour que le nom de notre Seigneur Jésus soit glorifié en vous... » (2 Thess. 1 : 11-12.)

C'est ma prière pour vous, et c'est sûrement celle de Christ lorsqu'Il intercède pour nous.

... Ces jours-ci, j'ai compris tout à nouveau ce que cela signifiait, que Dieu ait bien voulu par Christ devenir notre Père. Quand on a un petit trésor à chérir, l'on apprend à connaître quelque chose de ce cœur de Père, dont la seule pensée est toujours de rechercher le bien de Son enfant, qu'Il entoure de soins et d'amour, souvent sans que l'enfant s'en doute.

Et plus tard, lorsque l'enfant grandit, le père a de nouvelles richesses et de nouveaux dons en réserve pour lui, s'il vient les demander.

Oh ! approchons-nous de notre Père céleste pour réclamer les dons spirituels qu'Il ne demande qu'à répandre sur nous.

Avril 1918.

Dieu veut que notre vie porte du fruit. Il désire voir en nous les fruits de l'Esprit : Amour joie, paix, patience, bonté, fidélité, douceur, tempérance. Ces fruits de sanctification passent bien avant les fruits des œuvres et du travail que nous cherchons à accomplir pour Lui.

Si l'Esprit peut accomplir Son œuvre parfaite en nous, alors tout naturellement nos vies seront en bénédiction à d'autres et glorifieront notre Dieu.

13 mai 1918.

Nous sommes quelque peu inquiets de l'état de santé de nos missionnaires. Presque tous devraient rentrer en Europe. Un séjour aussi prolongé dans ce climat et dans les circonstances difficiles d'aujourd'hui n'est pas facile à supporter.

19 juin 1918.

Les difficultés s'accumulent de toutes parts, difficultés si inattendues et humiliantes que nous ne voyons plus bien clair dans la situation. Cela nous enseigne à nous jeter plus entièrement entre les bras de Dieu et à vivre dans une dépendance plus complète de Sa grâce. Il nous faut apprendre à rester, quoi qu'il arrive, dans le repos de Dieu. J'ai lu ce matin Esaïe 61 : 1-3 et j'ai été frappée de cette pensée que nous pouvions être revêtus d'un esprit de louange au lieu d'un esprit abattu. Oh ! continuons à bénir Dieu et à compter tous ses bienfaits. Nous voulons dire comme

Paul dans 2 Cor.4 : 16-18 : « Nous ne perdons pas courage... »

22 juin 1918.

« Pour toi, mon enfant, recherche la force dans la grâce qui est en Jésus-Christ » (Version Stapfer.)

Dans cette grâce inépuisable du Christ nous puisons la force nécessaire pour Son service dans toutes les circonstances et dans toutes les difficultés.

Calicut, juillet 1918.

Nous voilà réinstallés dans notre home. En descendant de Kotagiri dans la plaine, nous avons fait une halte pour donner à Claire-Lise son lait, et nous avons été fort égayés par une tribu de singes qui prenaient leurs ébats à quelques mètres de nous. La deuxième partie du trajet se fait dans la jungle, les indigènes ne s'y aventurent jamais seuls la nuit, et si des éléphants sont signalés, ils refusent de descendre.

Je suis contente d'être de retour pour reprendre mon travail ici. J'ai la joie de pouvoir faire le culte une fois par semaine pour les 70 jeunes filles de l'internat. Pour l'Union chrétienne j'ai à préparer deux à trois études bibliques par mois. Chaque fois je sens combien j'ai besoin de la grâce de Dieu. Je ne puis rien leur apporter de moi-même, sûrement rien, mais si l'Esprit de Dieu agit, les paroles les plus faibles peuvent se transformer en paroles de vie.

Je crois que nous ne nous rendons pas assez compte que si nous osons faire quelque chose pour Lui, c'est, comme dit Paul : « par Sa grâce » (1 Cor. 15 : 10.)

.. Oh ! si seulement l'amour de Jésus pouvait être révélé à ces foules, et s'il pouvait être reconnu comme le chemin, la vérité et la vie !

22 août.

Comme il doit faire beau et frais à Crans ; parfois je désire intensément vous revoir tous. Vous allez être réunis dans ce beau mois de septembre, et je donnerais beaucoup pour voir un instant la vue si claire et bleue du lac et des montagnes.

Septembre 1918.

Je crois que si vous vous réjouissez de recevoir de nos nouvelles, c'est une joie et un besoin plus grands encore pour nous d'avoir des vôtres. Ces derniers temps j'ai vécu si près de vous tous dans ce beau domaine de Crans, évoquant le jour où nous nous reverrons. Quand sera-ce ? Dieu semble fermer l'avenir devant nous et ne pas nous laisser voir ce qu'Il nous réserve.

... Quant à Pierre, nous avons fait le calcul que si, pendant les deux premières années de notre mariage, il a été obligé de m'abandonner un jour sur six, pendant le commencement de cette troisième année il m'a abandonné un jour sur trois. C'est beaucoup, n'est-ce pas ? Ces derniers jours, j'ai été toute seule dans la maison.

Septembre.

... Dieu est vraiment le Pasteur et le Gardien de nos âmes. Il nous entoure de Ses soins, de Sa tendresse, Il est tout près, Il nous connaît si bien, Il prend un soin jaloux de nous sanctifier.

... Des temps difficiles vont certainement venir ; oh ! qu'Il nous donne de garder cette confiance inébranlable et cette foi triomphante en Son amour et en Sa grâce envers nous !

... Claire-Lise est notre grand réconfort et notre rayon de soleil dans les jours difficiles.

... Si nous avons Dieu pour Père et Jésus pour Ami, nous n'avons pas besoin de nous faire des soucis ou dêtre tristes ! *Le Tout-Puissant* s'occupe de chaque détail de nos vies. *Le Tout-Puissant* est prêt à subvenir à tous nos besoins, si nous venons à Lui avec foi et en priant.

Quelle éternelle *source de joie* lorsque nous avons fait l'expérience du grand secours de Dieu en réponse à nos prières ! Personne ne pourra nous ravir cette joie céleste. Elle transformera toutes les circonstances et deviendra notre plus grand trésor. Puissions-nous tous, dans les jours faciles comme dans les jours d'épreuve donner l'exemple d'une *joie rayonnante*.

Septembre.

Dieu nous place dans les circonstances où il nous faut avant tout prendre l'attitude de Marie : écouter et chercher à comprendre Sa volonté au lieu d'agir par nous-mêmes.

Calicut, 21 septembre.

... J'ai trouvé dans la version Stapfer un passage que je répète constamment dans mon cœur ; c'est la recommandation de Paul à Thimothée : « Pour toi, mon enfant, cherche la force dans la grâce qui est en Jésus-Christ. » Quel encouragement dans toutes les circonstances où notre pauvre pauvre force se trouve être moins que faiblesse ! Dans les trésors insondables de cette grâce nous pouvons trouver à chaque instant la force nécessaire pour tout surmonter et tout vaincre, pour nous soumettre à la volonté divine et accomplir la tâche journalière.

... Nous comprenons toujours mieux l'importance immense d'apporter aux âmes qui ne le connaissent pas le message de l'Evangile, la bonne nouvelle d'un Sauveur.

A la montagne, Renée s'était beaucoup liée avec deux dames missionnaires, Mmes Burckhardt et Rosselet. Pendant un séjour sur la station des Burckhardt, elle écrit :

Palghat, 22 octobre 1918.

Comme en Suisse la grippe sévit au Malabar et aux Nilgiris ; dans plusieurs familles, le père et la mère ont été emportés tous deux ; une famille tout entière a succombé, les coolies dans les plantations meurent par douzaines.

Nous venons d'apprendre la mort d'un de nos missionnaires de l'industrie qui était à la tête d'une des plus grandes fabriques, et seul missionnaire à Cananore.

Pierre a prêché ici et a tenu plusieurs réunions, il a aussi évangélisé dans les maisons hindoues, accompagné par un chrétien qui le traduisait. Il a été bien reçu, ce qui l'a encouragé. J'ai été de mon côté avec Mme B. et une lectrice de la Bible chez des brahmines, des gens aisés ; quelques femmes étaient couvertes de bijoux, l'une d'entre elles avait fait venir le bijoutier qui était en train de fixer avec ses instruments de gros bracelets d'argent aux chevilles d'un petit bébé de cinq mois ! Une jeune femme est venue avec un bébé sur sa hanche ; c'était son cinquième ; elle s'était mariée à douze ans et sa mère, qui était présente, à onze ans. Dans certaines castes règne la croyance qu'une fillette qui n'est pas mariée à douze ans ne peut avoir part à la vie future. Pour les brahmines, c'est le plus grand des péchés. Une autre femme a été très intéressée d'apprendre que j'avais un bébé, elle est venue le soir chez nous pour voir Claire-Lise. Il me tarde d'aller moi-même parler à toutes celles qui ne connaissent rien du Dieu d'amour. Mais les difficultés abondent, et je crois que Dieu doit préparer très spécialement Ses messagers. La bonne nouvelle de l'Evangile doit devenir pour moi une réalité toujours plus vivante. Je crois constamment entendre cette parole du Christ à la Samaritaine comme s'Il s'adressait à moi : « Ah ! *si tu connaissais le don de Dieu !* » Oui, si je connaissais toute la grandeur, l'efficacité, la puissance du don de Dieu en Christ, mes lèvres resteraient-elles silencieuses ? Et ne serait-ce pas avec puissance et sagesse que je pourrais annoncer le message de la grâce ?

Au commencement de novembre, les de Benoit quittent le district du Malabar, dont l'abandon a été décidé, et vont se fixer aux Mahrattes.

Calicut, 4 novembre 1918.

Nous avons subitement décidé de hâter notre départ. Nous n'avons que cinq jours pour organiser tout notre déménagement et partir pour Betgeri. Qu'est-ce que l'année prochaine nous réserve ? un retour auprès de vous ? ou encore une année où nos pensées et notre affection devront franchir l'océan ?

Betgeri, fin novembre.

Ici, nous sommes en pleine vie indigène. Claire-Lise est entourée d'une cour de petits Hindous. Nous serons bien vite plongés dans toutes les difficultés, je pourrais même dire les angoisses du travail missionnaire. La misère est grande autour de nous, c'est une année de famine. M. Schwab est allé à une foire pour m'acheter une vache laitière pour Claire-Lise. Il a payé une vache et son veau huit roupies (13 fr. 30). Il n'y a pas besoin de vous dire qu'elle est petite et maigre. Les paysans n'ont plus rien à donner à manger à leur bétail et doivent le vendre pour rien. Leur religion leur défend de le tuer. Un autre signe de disette, c'est que l'on apporte à la station presque chaque jour un petit bébé affamé et abandonné de ses parents. Mme Schwab se donne tout entière à cette œuvre d'amour. C'est un problème de pourvoir à l'existence de tous ces petits êtres. Pourriez-vous y intéresser les enfants des écoles du dimanche ? C'est une si grande joie de pouvoir sauver quelques-uns de ces petits du paganisme. Il faut à peine 100 fr. par an pour en élever un.

A son amie:

Betgeri, 5 décembre 1918.

Je t'écris, installée chez nous, dans une petite chambre à l'écart où nous pouvons nous recueillir dans le silence. Nous l'avons nommée notre « sanctuaire »... Pierre est parti pour Madras. Le gouvernement a enfin accepté l'arrangement proposé, c'est un pas en avant, une porte qui s'ouvre.

24 décembre.

Vite un mot pour venir aujourd'hui, veille de Noël, vous dire que mes pensées vous entourent. Le ciel est sans nuages et le soleil darde ses rayons de feu. Les images de la maison reviennent vivantes devant mes yeux, plus vivantes que d'habitude, puisque nous osons caresser la joie d'un revoir prochain.

Nous ne pouvons être assez reconnaissants. Dieu a ouvert une porte, et par Sa grâce le travail de Pierre vient d'aboutir ; la Mission Canaraise Evangélique est fondée. Le gouvernement permet aux Suisses de continuer le travail sous la responsabilité de la Conférence des Missions aux Indes (National Missionary Council). Le nouveau comité formé à Lausanne aura la tâche d'envoyer les fonds et les hommes nécessaires. Nous gardons les deux grands districts des Mahrattes du Sud et du Canara du Sud.

Il reste des questions importantes à régler en Europe, et le comité à Madras a trouvé nécessaire que Pierre rentre en Suisse. Il importe aussi qu'il fasse entendre chez nous un appel pressant pour de nouveaux ouvriers et qu'il explique exactement la situation. Une grande question est de savoir si nous trouverons à temps une place sur un bateau. Il nous faudrait partir au plus tard dans le courant de février.

... Nous restons calmes et confiants, sachant que, si Dieu le veut, Il peut faciliter toutes choses pour un retour prochain.

Betgeri, 29 décembre 1918.

Voici probablement la dernière lettre que vous recevrez de moi avant notre revoir.

Nous avons, au dernier moment, obtenu une place sur la *Manora*, qui quitte Bombay le 18 janvier. Nous serons en « intermediate class ». Claire-Lise et moi n'aurons qu'une même couchette dans une cabine contenant douze à seize dames et enfants ; Pierre dormira dans un hamac, comme les soldats. C'est un arrangement spécial, fait pour transporter le plus de monde possible. J'espère n'être pas trop malade ! Au revoir, mère chérie, qu'il fait bon pouvoir dire « à bientôt » ! »

Dernier message envoyé pour Noël 1918 à une de ses sœurs :

...Selon ma ferme attente et mon espérance que je n'aurai honte de rien, mais que maintenant comme toujours Christ sera glorifié dans mon corps, soit par ma vie, soit par ma mort.

(Phil. 1 : 20.)

Le revoir eut lieu le 7 février 1919, à Genève. La joie de Renée de se retrouver au sein de sa famille et de pouvoir y amener sa petite Claire-Lise, fut à son comble. Mais personne ne se doutait qu'elle avait déjà en elle le germe mortel de la grippe, qui lui avait été probablement transmis dans les trains bondés entre Marseille et Genève. La fatigue du voyage très peu confortable sur mer avait peut-être diminué sa force de résistance.

Le lendemain de l'arrivée à Genève, elle commença à se sentir peu bien, et bientôt une pneumonie grippale se déclarait. Malgré les soins assidus dont elle fut entourée, Renée s'éteignit paisiblement le 19 février dans sa vingt-septième année, emportant avec elle un petit être qui aurait dû voir le jour quelques semaines plus tard.

*
* *

Et maintenant il a cessé de battre, ce cœur aimant. Cette âme si pure a pris son vol pour s'épanouir dans la pleine lumière. Ces beaux yeux se sont fermés pour la terre et se sont ouverts pour contempler le Roi dans sa beauté.

Mais ce n'est pas en vain que notre bien-aimée a passé quelques années sur la terre, et après avoir demandé à Dieu avec larmes qu'Il éloignât de nous le suprême sacrifice et qu'Il nous laissât notre précieux trésor, il nous a semblé entendre Sa voix nous dire :

« Laissez-la partir, sa mort peut me glorifier plus que sa vie. »

Et nous nous sommes humblement inclinés devant Sa sainte volonté, sachant qu'Il ne se trompe jamais. Nous nous reposons sur son amour insondable, et du fond du cœur nous avons répété : « Que Ton nom soit glorifié ! » et par Sa grâce Dieu nous a donné de voir se réaliser Sa promesse.

Son nom a été glorifié à l'heure suprême du dernier adieu, alors que son mari, de sa voix profonde, qu'elle aimait tant entendre, a pu chanter ce beau cantique :

A Toi la gloire, ô Ressuscité !
A Toi la victoire pour l'Eternité !

Son nom a été glorifié quand, se voyant mourir, elle a remis avec foi sa fille chérie à son mari, en disant :

« Tu l'aimeras... et tu lui feras connaître Dieu pour qu'elle Le glorifie. »

Son nom a été glorifié quand nous avons vu pour ainsi dire le ciel ouvert et notre bien-aimée entrer dans la présence de Dieu, portée dans les bras d'amour de son Sauveur.

Son nom a été glorifié, lorsqu'en face de ce lit de mort, et de cette douce figure si belle, si pure, si paisible, nous avons vu des âmes, se rappelant la vie de Renée et en face de l'éternité, se consacrer tout à nouveau à leur Sauveur.

Oh ! que Son nom soit glorifié, et que cette vie, tombée en terre comme le grain de froment, soit une semence féconde qui, par la grâce de Dieu, produise une riche moisson.

Père, glorifie Ton nom !

CHAPITRE VIII

TÉMOIGNAGES

« *L'amour de Christ surpasse toute connaissance.* (*Eph.* 3 : 19.)
(Texte inscrit sur la tombe de Renée.)

Après la mort de notre bien-aimée, des témoignages si nombreux, si précieux et si unanimes nous sont parvenus de tous côtés, qu'il nous paraît utile d'en publier un certain nombre pour faire mieux comprendre comment Dieu a su utiliser sa jeune servante.

Commençons par le témoignage muet des objets que Renée a laissés.

Toute sa garde-robe était contenue dans une simple malle de cabine. Dans une petite boîte en bois de rose, nous avons trouvé sa croix du « Bon Secours », sa montre d'infirmière, une autre montre et et deux ou trois modestes broches. Voilà toutes ses richesses. Rien d'inutile, aucun bijou de prix. Elle n'avait pas même voulu recevoir une bague de fiançailles, comme c'est l'usage, et ne portait que son alliance.

Sa vie extérieure était en accord avec sa vie intérieure et avec la Parole de Dieu, qui réclame, « non cette parure extérieure qui consiste dans les cheveux tressés, les ornements d'or ou les habits qu'on revêt, mais la parure intérieure et cachée dans le cœur, la pureté incorruptible d'un esprit doux et paisible, qui est d'un grand prix devant Dieu. » (I Pierre 3 : 3-4.)

Son trésor était au ciel, et elle a laissé mieux que quelques joyaux précieux. Sa vie, qu'elle a vécue tout entière pour les autres, a repandu ce parfum de grand prix : *l'amour de Dieu*, semence de vie éternelle. En rassemblant nos souvenirs, nous retrouvons partout les fruits bénis de son amour profond. A la maison, elle a été pour ses parents une précieuse enfant et un continuel sujet de joie, pour ses frères et sœurs un modèle et un stimulant sur le chemin de la consécration, les entraînant vers le but sublime qu'elle avait entrevu. Et de nombreuses amies rendent unanimement témoignage à l'influence bénie qui rayonnait autour d'elle.

Quant à son mari, elle l'a aimé dans le sens le plus profond et le plus complet du mot. Elle a eté pour lui non seulement une épouse incomparable, une maîtresse de maison modèle, mais une amie fidèle, l'encourageant et le soutenant de toute manière dans l'accomplissement d'une tâche extrêmement délicate et difficile, collaborant surtout par la prière et l'intercession, et restant ainsi en communion spirituelle avec lui, même pendant ses nombreuses absences. Sans cet appui, il se serait plus d'une fois découragé, et si Dieu n'avait pas à plus d'une reprise répondu aux prières qui montaient à Lui et enlevé des obstacles qui paraissaient de véritables montagnes infranchissables, l'œuvre de la Mission de Bâle aux Indes aurait très probablement été détruite. Rien n'exprime mieux la conception que Renée avait de ses devoirs d'épouse que le texte, Gal. 6 : 2, qu'elle avait fait graver dans son alliance : « Portez les fardeaux les uns des autres, et vous accomplirez ainsi la loi de Christ. »

Et que dire de l'amour maternel de Renée ? Il a été une véritable révélation pour tous ceux qui ont eu le privilège de la voir avec sa petite Claire-Lise. Elle était la plus exquise des mères, et sa dernière pensée, son dernier désir, a été pour son enfant chérie, qu'elle soit entourée d'amour et qu'elle apprenne à connaître et à aimer le Seigneur.

Elle a aimé enfin, avec une compassion infinie, les petits, les déshérités, les blessés, les malades, tous ceux qui souffrent ; son cœur savait deviner les détresses, partager les peines, adoucir les douleurs. Et si nous nous souvenons que la source de son amour était en Dieu, à qui Renée s'était donnée dès son enfance, nous comprendrons le secret de son influence.

Les témoignages qui suivent, qu'ils proviennent du cercle intime de la famille ou des amis, des villages de Crans ou de Burtigny, du Bon Secours, des blessés de la guerre ou de la Mission aux Indes, font tous entendre la même note et affirment la trace lumineuse et bénie qu'a laissée sa vie.

De sa sœur Anne :

Renée laisse au milieu de nous une trace profonde et bienfaisante, et son départ, je le sens de plus en plus, est pour nous tous comme une puissance de vie.

Comment dire tout ce qu'elle a été et devient chaque jour davantage pour moi !

Dans notre enfance, que de souvenirs lumineux où je la revois partageant notre vie avec tant d'entrain et tant d'amour. Souvent sa manière d'agir me frappait, et je me rends compte maintenant à quel point, instinctivement, je regardais à elle comme à un modèle. Elle était si humble qu'elle ne s'en doutait pas. Toujours nous la trouvions douce, tendre, secourable, prête à nous comprendre et à nous encourager. Toujours aussi elle s'offrait sans bruit aux tâches les plus ingrates.

Très tôt, nous avons senti en elle une force invisible qui la soutenait, la rendait sereine et heureuse, qui inspirait ses décisions, dirigeait le cours de sa vie et transparaissait dans la lumière de son regard profond. Malgré sa grande douceur et la timidité de sa nature, rien n'aurait pu la détourner d'une soumission entière et toujours renouvelée à cette voix intérieure. Cette résolution d'être fidèle développait en elle, jour après jour, une volonté tenace et une grande indépendance de caractère. Plus tard, lorsque la vie a séparé nos routes, son influence lointaine n'a pas cessé. Dans ses lettres, nous trouvions toujours la même tendresse, et toujours aussi quelque chose qui nous faisait partager sa vie intérieure, continue et en progrès constant. Pour moi, dans les heures de perplexité et de doute, plus d'une fois le souvenir de Renée a surgi, inspirateur. Sa vie sans défaillance m'apparaissait comme un fait indéniable et frappant, qui prouvait l'efficacité de sa foi. Elle avait su y mettre ce quelque chose « d'extraordinaire » dont elle parlait dans ses lettres comme devant être la caractéristique d'un vrai chrétien.

L'heure de la séparation a sonné plus vite que nous ne le pensions, et plusieurs d'entre nous ont dû accepter ce départ sans avoir eu la joie si douce de la revoir.

Quand je l'ai retrouvée, si paisible et solennelle, dans son dernier sommeil, une pensée m'est venue , que j'ai trouvée soulignée dans sa Bible, restée tout près d'elle. Et cette pensée résume d'une façon admirable, me semble-t-il, ce que fut sa vie parmi nous :

Ce n'est pas avec une supériorité de langage et de sagesse qu'elle est venue nous annoncer le témoignage de Dieu. Sa prédication, l'exemple de sa vie ne reposait pas sur les discours persuasifs de la sagesse, mais sur *une démonstration d'Esprit et de puissance*, afin que notre foi fût fondée, non sur la sagesse des hommes, mais sur *la puissance de Dieu*, de ce Dieu qui répond d'une façon si admirable à ceux qui Le cherchent et quittent tout pour Le suivre. (I Cor. 2 : 1-5.)

* * * Février 1919.

... Par sa vie, Renée a été pour moi une aide constante, un exemple, une étoile lumineuse qui m'encourageait et me fortifiait. Mais sa mort est pour moi un si grand appel de Dieu, que près de son lit je me suis donnée tout entière à Lui, et je prie Dieu de bénir à jamais cette consécration et le souvenir de ce moment.

De Mme François Franzoni :

... Je me souviens des belles journées de Crans, où vos filles enlacées se promenaient dans le jardin, des nombreux et rayonnants visages autour de la table du Grand-Mézel ; une telle entente, un tel amour réciproque vous unissaient tous, que le visiteur en était frappé et ne l'oubliait plus.

Toujours lorsque je me souviens de Renée, il

me semble qu'elle a été trop bonne, trop pure pour ce monde, trop sensible à toutes les souffrances.

D'une jeune fille, autrefois au service de Renée:

... Pour ma part, je me dis privilégiée d'avoir connu une telle âme ; quel souvenir béni je garderai toujours du temps trop court passé auprès d'elle.

Quel témoignage de douceur et d'humilité ! Madame de Benoit avait un cœur si grand, elle aimait d'un amour vrai toutes les créatures. En un mot, on pouvait dire qu'elle nous donnait une haute idée du Maître qu'elle servait.

De Mme Sergy, directrice de l'orphelinat « La Maison », à Burtigny:

Quel souvenir tendre et respectueux nous gardons de Mme de Benoit !

Dès son arrivée à « La Maison », en 1909, notre jeune amie s'est montrée tellement aimante et simple ; aucun travail ne lui paraissait trop humble ou trop fatigant, et elle disait volontiers : « Mais je suis venue pour aider et j'aimerais que quelqu'un se reposât un peu pendant que je suis là. » D'emblée elle a gagné le cœur des enfants, qui lui obéissaient sans peine ; au temps de la moisson, elle en emmenait une vingtaine glaner aux champs, et s'en revenait avec une grosse gerbe, entourée d'une bande joyeuse. Au village, on l'avait surnommée « la reine Berthe ».

Une grande humilité la caractérisait, et nous l'avons entendue parler bien souvent de telle ou telle de nos collaboratrices comme lui étant infiniment supérieure. Malgré son naturel timide, elle recherchait les occasions de parler de son Sauveur. « Oh ! dites-moi les expériences que Dieu vous a donné de faire ici », demandait-elle un jour, « il faut que j'en fasse aussi, j'ai faim et soif de la plénitude de Christ ».

Son cœur aimant a souffert, le jour où nous sommes allés visiter divers établissements charitables, où bien des misères morales et physiques sont réunies. Au retour, elle comptait ses privilèges et les comparait aux détresses qu'elle venait de rencontrer. Comme nous traversions un petit bois, elle s'agenouilla et s'offrit à Dieu dans une prière émouvante, pour Le servir dans la personne des petits, des déshérités. Chère bien-aimée, le Seigneur lui a donné de tenir sa parole, sa courte vie a été un service, et quel service !

De Mme Lecoultre, Crans :

Elle était une âme d'élite, une fleur exquise et rare, comme ce monde en produit peu. Elle est allée rejoindre le Maître qu'elle a si fidèlement servi, et nul doute que, dans le Royaume de la Paix où elle est entrée, une mission d'amour lui soit confiée.

De Mlle G. Robert :

... La vie de Renée a été toute de rayonnement. Elle a été une messagère de Dieu pour tant d'âmes. Son influence ne s'en ira pas avec elle, mais elle restera comme une semence féconde dans le cœur de tous ceux qui l'ont connue.

Quant à moi, je puis dire que l'influence de Renée a puissamment contribué à me rapprocher de Dieu et à me faire vivre pour Lui. Son exemple m'a toujours été en bénédiction, et je n'en serais certainement pas où j'en suis, si je n'avais connu Renée.

Et si je puis attirer des âmes à Christ, Renée y sera pour une très grande part.

Elle était toute mûre pour aller habiter près de Dieu, et Dieu l'a reprise. Oh ! Il emploie ce moyen si douloureux pour affermir et fortifier ceux qui sont à Lui et pour en enfanter beaucoup, beaucoup qui ne Le connaissent pas encore. Je pense qu'un jour nous serons émerveillés de voir ce que Dieu a pu faire par le moyen de la vie et de la mort de notre bien-aimée Renée.

De la même:

... Demain il y aura huit jours que Renée partait pour « son pays » ! Comme elle est heureuse, là-haut ! Rien ne lui cache plus la face de son Sauveur, si jamais elle lui a été cachée ! Je suis convaincue qu'elle est aussi « vivante pour intercéder »... Son âme est allée auprès de Dieu ; eh bien ! sûrement auprès de Dieu on ne peut rester inactif ! que peut-elle faire, si ce n'est intercéder? Et maintenant elle prie pour les siens, pour nous, pour les Indes, pour le monde, encore tout autrement qu'elle ne le faisait, parce qu'elle vit dans la plénitude de l'esprit de Jésus.

De M. Paul Robert:

Au moment ou l'on souhaiterait, pour un monde qui se précipite vers les abîmes, des milliers de femmes semblables à votre enfant bien-aimée, voilà que le Seigneur rappelle auprès de Lui cette âme d'élite, Il cueille cette fleur exquise, dont le parfum se répandait tout autour d'elle avec d'autant plus de pénétration qu'il était plus discret et plus bienfaisant ! Quel mystère ! Quel grand point d'interrogation cette mort dresse devant nous, sur les plus grands problèmes qui se puissent imaginer ! — Quels temps solennels sont ceux que nous traversons ! Oh ! mille fois heureux sommes-nous de connaître le Christ, et d'avoir reçu de Dieu la grâce de croire en Lui et d'espérer en Lui contre toute expérance !

D'Emmanuel Galland, beau-frère de Renée :

... Si quelque chose m'a toujours frappé et impressionné chez Renée, à côté de son charme et de ses dons particuliers, c'est ce caractère de sainteté qui émanait de sa vie.

Sa foi avait l'ardeur de la flamme, son amour la pureté du ciel où nos regards plongent, sa vie la limpidité d'une source qui tout simplement court vers sa destinée.

Elle faisait penser à Marie, ayant comme elle une âme contemplative, assoiffée des vérités éternelles. Notre espérance chrétienne, notre foi, nous permet de la voir dans les régions célestes, assise aux pieds du Maître, le contemplant tel qu'Il est, face à face !

N'est-elle pas heureuse, et pouvons-nous regretter que cette bonne part soit la sienne?

De Mme Ph. de Vargas, Sanghaï :

...Le souvenir de Renée est lumineux dans ma vie. Elle a été pour moi, comme pour beaucoup d'autres, l'exemple vivant de ce que Dieu peut faire d'une âme qui Lui est entièrement consacrée. A cause de cela elle reste bien près de nos cœurs à tous et nous rapproche encore davantage de l'au-delà.

De M. Ph. de Vargas, Shanghaï :

... Toute une série de messages nous ont annoncé la perte douloureuse que tu as faite, et non seulement toi, mais *tant de gens pour qui Renée était une inspiration et une raison de croire...*

Renée a aussi laissé une impression profonde à des personnes qui ne la connaissaient que peu. Un étudiant qui l'avait rencontrée à la Conférence de Sainte-Croix, en 1916, écrivit :

... Les quelques paroles que j'avais entendues de sa bouche m'avaient révélé la simplicité sublime et la grandeur de la foi chrétienne. Une foi si pure et si élevée, une charité si ardente nous avait fait comprendre à tous ce que la vie chrétienne a d'absolu dans son sacrifice. J'en garde un souvenir ému et plus que reconnaissant...

De Mme Jean de Rougemont :

Il se dégageait d'elle un tel charme, une telle beauté morale et une telle impression de sainteté que je conserve un souvenir ineffaçable de mes trop rares rencontres avec elle. Si même un contact fugitif laissait une empreinte si profonde, je me représente ce que devait être la vie avec elle. Mme de Benoit devait auréoler et sanctifier tout ce qu'elle touchait.

De Mlle *A. Pélaz:*

... Dieu est venu dans votre famille cueillir une des plus belles fleurs de son jardin, fleur dont le parfum d'amour, de consécration au service du Maître, d'oubli de soi-même a tellement embaumé l'atmosphère de tous ceux qui l'ont contemplée. Votre Renée va continuer là-haut le service auquel elle s'était consacrée ici-bas.

Combien elle m'a rappelé souvent l'antique motto : « Je tiens au ciel et je sers sur la terre. » Enfant, jeune fille, épouse, elle tenait au ciel et servait sur la terre.

Servir, s'oublier, aimer, fut sa vie, et si l'on a pu dire de Jésus-Christ qu'il fut le premier gentilhomme du monde, — et il le fut par son absolu renoncement à Lui-même, — votre Renée, elle aussi, laissa deviner ses titres de noblesse par ce besoin inné de vivre pour autrui.

Par son amour pour les pauvres, les souffrants, les isolés, elle « surnaturalisait » ce qu'il y a de plus naturel. Une douce obligation intérieure la poussait à soigner les corps malades, et la sève divine qui remplissait son âme se répandait au dehors sur les déshérités de ce monde. Elle gagnait tous les cœurs en donnant le sien sans réserve...

Je la revois, dans le passé, allant faire le ménage

de familles pauvres, visitant les femmes de la Maternité... et je l'entends aussi me dire :

« Vous ne savez pas tout ce que je dois à mon Dieu et à maman ! »

... Plus tard, quand de brillantes clartés illuminèrent son chemin, et qu'elle rencontra celui avec lequel elle allait partir pour les Indes, sa consécration fut tout aussi absolue.

On serait inconsolable du départ de votre chère Renée, si cette vie, si vite fauchée, n'allait pas s'épanouir dans l'au-delà.

Pour tout comprendre,
Il faut attendre...

Un jour, les obscurités d'ici-bas seront éclairées pour nous par l'étincelante clarté de Celui qui s'appelle : « Lumière ».

Nous extrayons des *Archives du Bon Secours* (mai 1919) les lignes ci-dessous, qui, dans cette brochure sont précédées d'une brève notice biographique placée sous cette épigraphe :

« *Que ma vie ne soit qu'un acte d'amour.* »
(Prière de saint Thomas d'Aquin.)

. . . .

. . . .

... Mais est-ce parler de quelqu'un que de dire : « elle étudia, elle alla, elle entreprit, elle fit... »

tant de belles vies, invisibles aux yeux du monde, tant de belles choses ne peuvent ni se dire ni se raconter...

tant d'autres, au contraire, n'ont de remarquable que leur cadre ou leur étiquette....

tant de gens n'entreprennent des choses grandes ou « intéressantes » que dans l'espoir de devenir eux-mêmes intéressants...

peu importe donc ce que faisait Renée. Nous nous la rappelons à cause de ce qu'elle était.

Et c'est pourquoi nous voudrions essayer de la faire revivre un instant, pour vous, d'abord, ses amies d'école, mais peut-être encore plus pour vous, ses sœurs cadettes du Bon Secours, qui ne l'avez pas connue. Que de fois, ces derniers temps, lorsque son nom évoqué nous mettait les larmes dans les yeux, vous auriez voulu demander : « Comment était-elle, celle qu'on aimait ainsi? » et vous n'osiez, sentant que notre chagrin était encore trop récent... et que ces choses-là ne se mettent pas facilement en paroles.

Eh bien, tout d'abord, disons qu'elle a été une élève excellente, capable, réfléchie, infatigable au travail, consciencieuse et disciplinée dans les moindres détails ; mais, pour l'évoquer tout entière, disons aussi qu'elle était une camarade exquise, un être simple et gai, plein de vie, prenant part à tout ce qui se faisait autour d'elle de jeune et de joyeux... « Elle nous défiait à la course », disait l'autre jour un jeune garçon qui a fait des excursions avec elle et ses frères et sœurs. Et dans l'école aussi, ce serait lui faire tort que de la représenter comme une petite sainte, rêvant à l'écart, ou blâmant par son abstention l'exubérante gaîté de son entourage...

vous vous la rappelez, faisant cercle avec vous par terre devant le feu du salon et chantant, riant de tout son cœur ;

et ce soir de mascarade où elle portait avec tant de grâce un beau costume d'aïeule.

Cependant, il y avait une nuance dans sa gaîté. Ne l'a-t-elle pas très finement exprimée, la poétesse inexpérimentée qui a mis ce quatrain sous une silhouette de Renée :

> A la table animée d'une gaîté franche et saine,
> Gracieuse elle est assise, mais son âme est ailleurs.
> Ne vous étonnez pas si ses yeux sont rêveurs :
> Elle sonde le pourquoi des destinées humaines...

Oui, l'angoisse de la misère humaine, l'ardente compassion pour ceux qui souffrent, mais aussi la certitude d'un grand « parce que » répondant à tous les « pourquoi », — voilà ce qui marquait Renée d'une empreinte spéciale et donnait parfois je ne sais quelle douloureuse majesté à son visage, si enfantin et si doux. Tout en elle disait l'amour et la pitié — même dans son attitude habituelle — plutôt timide, ses yeux pathétiques et profonds, son visage si pur souvent baissé et méditatif, la taille un peu ployée en avant, les bras qui semblaient prêts à se tendre... « elle avait toujours l'air de se pencher sur quelque souffrance » ; jamais ce mot banal ne fut si expressif et si vrai qu'en parlant d'elle.

« Elle était pour nous presque un être surnaturel », écrit un de ses blessés, « l'air de notre salle était purifié quand elle avait passé. »

. . . .

. . . .

(Passage supprimé relatif aux blessés que Renée soignait à Nevers.)

Je la revois à la gare de Vaize, au passage d'un train de blessés, alerte et infatigable pendant qu'il fallait panser sans relâche ; puis, le triste défilé à peine terminé, une dernière image me revient : Renée assise auprès du brancard d'un grand blessé, essayant de lui faire dicter quelques mots à sa femme sur une carte postale, la tête penchée, attentive et douce... si simple... et puisqu'il est vrai qu'une femme ne rencontre pas un homme sans lui élever ou lui abaisser son idéal de la femme... quelle dut être, pour tous ces blessés, incultes ou cultivés, naïfs ou blasés, la transformation de cet idéal, depuis que Renée avait passé dans leur vie!

Cependant tout n'était pas que douceur et tendresse dans cette physionomie. Quelques traits s'y accusaient, presque anguleux, et parlaient d'une volonté tenace, d'une concentration intense, d'une ardeur contenue, mais qui l'aurait conduite au martyre, si elle avait vécu au temps des confesseurs de la foi.

Et c'est cela qui caractérise la vie de Renée. Le travail pour ceux qui souffrent ne lui est point apparu comme un passe-temps, un sport philanthropique, une adjonction louable à sa personnalité, un « anneau de Polycrate » lancé à la mer pour apaiser les revendications sociales, ... mais comme un don complet de soi-même...

« sacrifice inutile », diront les matérialistes, « gaspillage de forces et de vie dans ces missions lointaines »..., ainsi disait-on des martyrs lorsqu'on se savait pas encore que leur sang est une semence. Et maintenant, plus que jamais, dans un monde qui se rue au plaisir, à l'argent, aux ambitions et aux jouissances, il faut des êtres jeunes et privilégiés qui sachent faire de leur vie une offrande expiratoire, — sans calculer ni l'étendue ni le résultat de leur sacrifice. Les résultats invisibles sont les seuls valables... et le monde mourra de disette le jour où il ne se trouvera plus personne qui veuille « jeter son pain sur la surface des eaux. »

C'est ainsi que Renée vivra dans notre souvenir, par sa consécration d'elle-même — qui en faisait un être lumineux et secourable même quand elle ne parlait ni n'agissait ;

car elle ne parlait guère, — n'était-ce par là un de ses grands charmes? Et pourtant, elle se le reprochait — c'est un point sur lequel nous ne pûmes jamais être d'accord. Renée était très préoccupée de l'idée qu'elle aurait dû faire, parmi ses camarades, une propagande de sa foi plus active, plus directe, par sa parole. Sa réserve naturelle l'en empêchait, mais elle s'accusait de faiblesse et d'infidélité. J'essayais de la persuader que des rôles différents sont dévolus à des êtres différents... que, pour bâtir, ce ne sont pas les mêmes qui enseignent l'architecture, tracent les plans, amènent les matériaux... que ce sont d'autres, enfin, qui « élèvent l'édifice dans le silence » comme le temple de Jérusalem ;

que la parole devait être une explosion plutôt que l'épuisement des réserves de la vie intérieure.

qu'on peut démontrer sa foi par la manière dont on vit, plutôt que de la prêcher....

Ah ! certes, Renée, vous étiez dispensée de paroles ! Ne portiez-vous pas dans votre cœur l'amour qui peut tout , — et sur votre front inscrit le mot « Credo » qui renverse les plus fortes murailles. Doctoresse M. Champendal.

D'une amie du Bon Secours :

14 juin 1920.

... Ce qui m'impressionnait toujours le plus, chez Renée, c'était sa capacité si profonde de comprendre, ou mieux encore d'aimer ceux qui souffraient à côté d'elle. Elle était persuadée que chacun trouverait comme elle la paix de l'âme, et elle s'était fait un devoir de parler à notre conscience. Un jour nous parlions de la Bible et je me rappellerai toujours le visage bouleversé de Renée quand je lui racontais que je vivais sans Bible depuis des années, ayant donné la mienne à quelqu'un qui s'y intéressait plus que moi. Dans sa petite chambre, au Bon Secours, très tôt le matin, Renée se préparait au travail par des lectures sérieuses ; et la chère amie n'eut de repos que le jour où elle eut déposé sur ma table, dans ma solitude, une Bible, avec cette dédicace que j'aime tant : « Avec tous mes vœux pour une année spécialement bénie. Avec tout mon amour et mes prières. »

Ou bien je vois cette chère petite Sœur grise

revenir de la campagne, entrant toute rayonnante, les bras chargés de gerbes de fleurs, qu'elle déposait chez nous avec son sourire bienfaisant.

Son amour était vivifiant, il vous envahissait comme un souffle divin.

Il me semble que je la vois maintenant encore se pencher sur ceux qui sont dans l'angoisse et dans la tristesse.

Puisse le récit de sa vie devenir un flambeau qui éclairera les âmes jeunes ; mais nous qui avons senti le bienfait de ce grand amour et de cette foi profonde, que faisons-nous?...

De A. Roche, sergent au 3e Zouaves,
soigné à l'hôpital 41, à Nevers, par Renée:

... Comment ne pas avoir d'affection pour votre fille, elle si douce, si bonne, d'un dévouement sans bornes !

Non ! tout être humain qui l'a connue, ne peut pas ne pas l'avoir aimée.

A la déclaration de guerre, je venais de passer quatre ans au Maroc, loin de tous les êtres que je chérissais, vivant au milieu de gens dont le contact était le plus souvent pernicieux. La guerre arrive, les longues étapes de la retraite de Belgique, faites la plupart du temps sans vivres et sans sommeil, enfin ma blessure, tout cela aidant, les mauvaises pensées qui fomentaient dans mon esprit depuis quatre ans m'avaient rendu acariâtre et méchant.

Eh bien ! Madame, votre fille, par sa bonté, sa douceur, son dévouement inlassable, était parvenue à me rendre un peu meilleur. Parfait, non, car je suis encore loin de l'être aujourd'hui, mais lorsque j'ai des mouvements de révolte, je me remémore la petite salle de l'hôpital 41, alors qu'étendu dans mon lit, votre fille, tout en me prodiguant ses soins, me faisait la morale. Alors me rappelant combien elle aurait voulu me convaincre, j'essaye de devenir meilleur, espérant lui faire plaisir.

... Ma douleur s'associe à la vôtre pour regretter celle qui fut toute bonté et tout sacrifice...

*De G. Aslangul, sergent au **14**e rég. d'inf., blessé le **25** sept. **1914** au Moulin* de Perthes *et soigné à l'hôpital **41**, à Nevers, par Renée :*
(Lettre adressée à Mlle Menni.)

C'est avec une profonde douleur que j'ai lu votre dernière lettre, m'apportant l'affreuse nouvelle.

Pauvre chère amie ! Pleurons-la, nous en avons le droit, puisque Jésus pleura sur son ami Lazare.

Vous l'aimiez, Mademoiselle, je le sais, comme une amie douce et dévouée, vous l'aimiez pour sa grande âme généreuse, si généreuse, et pour vos souvenirs communs ! Mais je l'aimais aussi, à cause des circonstances qui l'avaient fait entrer dans ma vie ; je l'aimais comme ma sœur, comme ma mère, et, même disparue, la chère âme, c'est ainsi que je l'aime ! J'étais dans la douleur et elle m'a secouru, et avec quelle douceur ! quel cœur !

Oh ! que je voudrais pouvoir rendre aux siens, si douloureusement éprouvés, à M. de Benoit, à sa chère petite Claire-Lise, qui m'est chère aussi, à toute sa bonne famille, un peu de la consolation qu'elle m'apporta à moi-même !

Combien je voudrais être auprès de vous pour parler d'elle ! Oh ! je la revois encore, après une dure journée, faisant le tour de ses salles de malades avec vous, Mademoiselle. Pourquoi? pourquoi, mon Dieu ! nous avez-Vous repris notre si chère amie?

Nous l'appelions Mademoiselle Renée ! et vous ne voyiez peut-être pas, vous, Mademoiselle, tout ce que ce beau regard si calme, si plein de Dieu, et son fin sourire répandaient de confiance et de paix. La nuit ne nous faisait plus peur ! Humbles petits soldats de France, retirés trop tôt du bon combat, nous reposions sous le regard d'un ange de Dieu ! Oui.

Voyez-vous, Mademoiselle, je suis impuissant

à vous dire ma peine et je me jette devant mon Dieu à deux genoux pour Lui dire :

« Seigneur de toutes les miséricordes, donnez à notre Sœur Votre paix, donnez-lui son salaire, le bonheur éternel, car elle fut toujours Votre servante » ; et c'est bien vrai, n'est-ce pas? que dès cette terre sa vie était en Dieu, de sorte que sa mort n'a été qu'une transformation de sa vie. Elle est allée à Dieu tout naturellement, comme un enfant va à son père.

... Et maintenant, Mademoiselle, du paradis où elle jouit de la plénitude de la vie, elle nous regarde. Oui, elle me voit vous écrire et elle voit tous les sentiments douloureux qui agitent mon cœur, nos cœurs. Car je ne crois pas à la mort, depuis que Jésus l'a vaincue par son suprême sacrifice... Pour nous, avec tous les Saints, elle chante la gloire de Dieu...

Heureuse Mme de Benoit ! Nous pleurons sur nous, à cause de nous, qui sommes laissés seuls dans l'épreuve, privés de votre exemple et de votre affection sensible, et pour ceux qui vivaient dans votre intimité, privés du bonheur que vous répandiez autour de vous ! Vous ne voulez peut-être pas que nous pleurions ! Songez que nous sommes encore dans « ce corps de mort » dont parlait saint Paul, et cela allège nos cœurs.

Nos prières iront vers vous comme vers nos saints bien-aimés, dont vous êtes maintenant, pour vous demander de nous obtenir, non pas des biens de la terre, mais les grâces nécessaires à notre faiblesse, afin que nous nous retrouvions un jour dans la patrie céleste...

Dieu est toujours là près de nous, et la douce Vierge Marie, et nos Saints, et Mme de Benoit ... Je pense aller à Lyon d'ici quelques jours ; si rien ne m'en empêche, je pousserai jusqu'à Genève pour pieusement prier sur la tombe de notre amie. Oh ! puissé-je accomplir ce pieux pèlerinage ! ...

De Mme Stokes, femme du médecin-missionnaire à Calicut :

La présence de Renée à Calicut a beaucoup embelli et enrichi ma vie, et son départ m'a laissé un grand vide ; elle me manquait plus que je ne puis le dire.

Si je me demande en quoi consistait cet enrichissement dont elle nous faisait bénéficier, je m'aperçois bien que ce n'était pas seulement son affection, sa confiance, sa personnalité à la fois si simple, si noble et si profonde. Au-dessus de ses charmes, dont elle était si richement douée, il y avait quelque chose qu'elle possédait et dont elle désirait faire part à d'autres. C'était la paix et l'amour de Dieu répandus dans son cœur.

Elle ne parlait que peu de sa vie intérieure, mais cette vie brillait d'une lumière qui éclairait chacun.

Chaque fois que j'ai vu Renée, ne fût-ce que pour un moment et à propos de n'importe quoi, j'ai reçu d'elle quelque chose, j'ai mieux compris ce que devait être la vie avec Dieu et pour Dieu. Sans la moindre recherche, elle prêchait par son exemple, « sans paroles ». Toujours on la trouvait douce et patiente, ne se plaignant jamais, prête à aider les autres sans penser à elle : prête à partager les joies et les peines de ceux qui l'entouraient, missionnaires ou chrétiens indigènes, prête à excuser et à pardonner. Jamais elle ne jugeait les autres ou ne médisait d'eux. Elle avait pourtant un jugement très sûr, et cette douceur n'était pas de la faiblesse de caractère ; c'était une force qui lui était donnée de Dieu.

Le secret de cette vie était, j'en suis sûre, la communion avec son Père céleste. Elle priait beaucoup et lisait beaucoup sa Bible. C'était ce qu'il y avait de plus important pour elle, rien ne pouvait l'en détourner. Après le déjeuner, elle se retirait avec son mari dans une chambre, au fond de la maison pour leur culte, qui souvent durait longtemps. Un matin, comme je venais voir Renée et que je m'attendais à la trouver très affairée, le domestique me dit : « Monsieur et Madame prient, et je ne puis les déranger ».

Ah ! oui, c'est à la source de la vie que Renée allait puiser, et c'est pour cela qu'elle a pu, dans sa courte vie, être en si grande bénédiction à d'autres.

De Mlle Marie Stœhelin :

Summaddi, 10 mars 1919.

Aujourd'hui, j'ai reçu la nouvelle terrible de la mort de Mme de Benoit... Nous sommes comme foudroyés. Oh ! que nos pensées humaines sont différentes de celles de Dieu !

Nous sommes attristés comme les deux disciples d'Emmaüs qui croyaient que Jésus consolerait Israël. Nous espérions avoir en Mme de Benoit le meilleur avocat pour notre Mission.

Elle avait tout vu, elle avait tant souffert, elle avait tout donné, sa patrie, sa vie de famille en Suisse.

Et ici aux Indes, sa vie a été souvent dure. Que de fois quand M. de Benoit devait voyager pour la Mission, elle devait rester en arrière seule avec sa petite fille !

Elle ne se plaignait pas, mais nous savons ce que cela voulait dire !

Elle était comme une fleur des Alpes, belle et forte ! Et comme celles-là, elle eut à subir bien des orages et des tempêtes. Mais ses racines tenaient ferme, sa foi l'aidait dans toutes les contrariétés de la vie.

Elle a glorifié Dieu parmi nous. Maintenant, Dieu l'a transplantée là où elle verra ce qu'elle a cru.

Nous aussi nous comprendrons un jour.

De M. Rosselet à M. Gustave Secretan :

Nilgiris, 16 mars 1919.

Vous ne sauriez croire ce que Mme de Benoit a été pour nous pendant ces deux ans de séjour aux Indes, ce qu'elle a fait pour notre œuvre. Avec sa grande simplicité et son grand cœur, elle savait si bien se donner ; partout où elle passait elle laissait des amis, et je comprends si bien cette parole d'une vieille dame anglaise : « La voir c'était l'aimer, et plus on la connaissait, plus on l'aimait. » Notre mission fait une grande perte ; une perte si douloureuse... Vous auriez dû voir l'influence qu'elle a eu, et vous comprendriez alors notre douleur.

De Mme Schwab, Belgeri :

... Son amour se reflétait dans ses traits. Sa manière simple et son zèle admirable pour n'importe quel travail ont fait une grande impression sur nos chrétiens, et ils ont pleuré avec moi. Elle a vécu une vie de victoire. Elle était prête pour rencontrer son Sauveur.

... Je suis allée dans son « sanctuaire », la petite chambre où elle communiait avec Dieu, et m'étant jetée à genoux, je l'ai pleurée, pleurée ! Ma Renée, ne reviendras-tu plus à Betgeri? Nous aurions tant besoin de ton amour et de tes prières !...

... J'ai eu le grand privilège de vivre avec elle les dernières semaines de sa vie pleine d'amour, et j'espère que son souvenir sera une source de bénédiction pour moi. Quel amour de fiancée n'avait-elle pas pour son mari, et comme elle portait les âmes de nos chrétiens dans son cœur !

La vie intérieure de Renée avait quelque chose de si mûr, et je comprends mieux maintenant que le Seigneur l'avait préparée pour Lui. Je pleure sur elle comme David sur Jonathan! Que le Dieu de toute consolation console vos cœurs blessés et nous console aussi ici aux Indes, nous tous qui souffrons avec vous. Nos chrétiens ont été bouleversés et me prient tous de vous envoyer leur sympathie. Quand je prends la petite *Shanti* dans mes bras (*un enfant trouvé, dont*

Renée s'est occupée), je ne puis que pleurer sa chère mère adoptive.

De Mlle T. Walser, qui habitait en 1917
sous le même toit que Renée, à Calicut :

... Elle aimait son Sauveur et l'a glorifié par sa vie. Elle a été une précieuse amie pour nous, et je remercie Dieu de nous l'avoir envoyée aux Indes.

De Mme Burckhardt :

Palghat, mars 1919.

... Elle a été pour nous une amie, un encouragement à tous. Elle nous a fait une impression si grande par sa simplicité, son naturel, son affection pour chacun, et sa vie sanctifiée, unie avec son Sauveur dans tout ce qu'elle faisait.

Elle ne voulait pas être ménagée, et nous a donné à tous un exemple d'abnégation et de renoncement jusque dans les plus petites choses. Elle savait si bien consoler sans beaucoup de paroles, et personne n'a pu résister à ce grand amour. Renée sera toujours au milieu de nous, nous encourageant, nous rappelant qu'il faut s'aimer davantage et nous enseignant à mettre de côté tout ce qui ne sert pas à l'avancement du règne de Dieu.

De la même :

Dharwar, 6 octobre 1919.

Je vais souvent à Betgeri et je loge dans l'appartement de Renée. J'aime tant entrer dans sa petite chambre et revivre en esprit les dernières semaines qu'elle y a passées, si active et heureuse.

Elle est toujours si près de nous, notre Renée ! Bien souvent sa présence a relevé mon courage.

Dernièrement encore, je l'ai revue en rêve assise près de mon lit ; je l'ai embrassée de toute ma force en la suppliant : « Renée, ne t'en va pas, reste avec nous ! » Alors elle m'a répondu avec son beau sourire : « *Je suis toujours avec vous !* »

* * *

Nos lecteurs l'ont compris, nous n'avons pas cité tous ces témoignages pour glorifier Renée. Ils sont à la gloire de Celui qui lui a fait la grâce de manifester en elle Sa vie et Son amour, et qui a dit Lui-même : « Si vous portez beaucoup de fruits, c'est ainsi que mon Père sera glorifié, et que vous serez mes disciples. » (Jean 15 : 8.)

Nous tous qui avons eu le privilège de connaître Renée, ou qui avons du moins lu ces pages, n'allons-nous pas recueillir la grande leçon que Dieu désire nous donner ? En face de ce départ, et en songeant aussi à plusieurs autres jeunes vies fauchées peu avant Renée, M. Alexandre Jaques, président des « Volontaires du Christ », nous écrivait :

Qu'est-ce que Dieu veut nous dire en nous frappant de coups si douloureux, si mystérieux, si répétés? Vous qui avez le droit de le demander, dans votre affliction, demandez à Dieu que ce langage soit compris par les jeunes gens et les jeunes filles de notre pays, et qu'il y en ait beaucoup qui offrent leur vie au service du Maître. Vous serez sûrement entendus.

Oh! si un grand nombre d'entre eus pouvaient être remplis d'une sainte ambition en considérant les vies glorieuses de ceux qui nous ont précédés, et s'ils pouvaient s'enrôler à leur suite, pour entrer joyeusement dans la mêlée, — jusqu'à ce que bientôt,, nous soyons tous réunis dans la victoire, dans la pure et parfaite joie qui nous attend là-haut...

* * *

« *Vous êtes lumière dans le Seigneur. Marchez comme des enfants de lumière! Le fruit de la lumière consiste en toute sorte de bonté, de justice et de vérité.* » (Eph. 5 : 8-9).

Ces pages ont été écrites il y a neuf ans, et il est utile d'ajouter quelques lignes pour mettre les lecteurs au courant du chemin parcouru pendant ce laps de temps.

Dieu dans Sa bonté a donné au Dr de Benoit une nouvelle compagne et à Claire-Lise une maman dans la personne de la sœur cadette de Renée, Odette van Berchem, mentionnée à plus d'une reprise dans les lettres de sa sœur et qui était unie à elle par les liens d'une affection profonde.

En 1922 Pierre de Benoit fut appelé à faire un nouveau séjour aux Indes avec sa jeune femme, et là une douloureuse épreuve devait les atteindre par le départ de leur chère petite Ariane, laissée en Suisse à l'âge de huit mois et qui leur fut reprise très subitement. Dès lors deux fils et une petite fille sont venus réjouir leur cœur. Mais en 1925, des raisons de santé les ont obligés à renoncer aux tropiques et à se fixer définitivement en Suisse.

Déjà aux Indes, Pierre de Benoit était préoccupé par la question si importante de la formation des jeunes pour l'œuvre de Dieu et une étude systématique de la Bible lui montra la nécessité d'une connaissance vivante et approfondie de la Parole de Dieu. Obligé de rentrer en Europe, il comprit que Dieu l'appelait à ouvrir un institut biblique et missionnaire. Il fut vivement encouragé par des amis chrétiens expérimentés qui l'entourèrent de leurs prières, et notamment par le vénéré pasteur Charles Rochedieu, l'auteur des Parallèles de la Bible Segond et de plusieurs ouvrages bibliques, qui offrit avec joie sa collaboration.

En janvier 1926, l'*Institut* « *Emmaüs* » ouvrit ses portes aux jeunes gens, et un an plus tard une seconde maison, destinée aux jeunes filles, fut inaugurée et placée sous la direction de Mlle H. Bersier. Après la mort tragique de M. Rochedieu, qui fut un coup douloureux pour l'Institut, le Comité fit appel, en été 1928, au pasteur A. Nicole, qui accepta de mettre ses connaissances bibliques étendues au service de l'Institut.

Le nom d'*Emmaüs*, rappelant l'entretien de Jésus avec deux de Ses disciples, le soir de Sa résurrection, indique dans quel esprit l'enseignement de l'Institut est donné. « Et commençant par Moïse et par tous les prophètes *Il leur expliqua dans toutes les Ecritures ce qui Le concernait.* » (Luc 24 : 26.) Le but poursuivi est avant tout le développement de la vie spirituelle des élèves. « Restez dans la ville jusqu'à ce que vous soyez revêtus de la puissance d'En-Haut » (v. 48-49). Sans cette puissance du Saint-Esprit tout travail serait vain et stérile.

Les portes d'Emmaüs sont ouvertes à tous ceux, jeunes gens et jeunes filles, qui ont entendu l'appel de Dieu et qui veulent consacrer leur vie à Son service et s'initier aux diverses activités chrétiennes, à tous ceux aussi qui désirent apprendre à connaître par une étude systématique cette merveilleuse Parole de Dieu dans laquelle Renée de Benoit a puisé jour après jour sa force et sa joie. Puissent beaucoup de jeunes lecteurs de ces pages apprendre comme elle le secret d'une vie sainte et victorieuse par la foi et la joie d'une entière consécration au service de Dieu !

« Regardez les champs qui déjà blanchissent pour la moisson ! »

« La moisson est grande, mais il y a peu d'ouvriers. Priez donc le Maître de la moisson d'envoyer des ouvriers dans Sa moisson ! »

Note. — L'institut Emmaüs est interecclésiastique. Les études durent actuellement deux ans. Elles commencent normalement en automne et sont précédées d'une année préparatoire pour ceux dont l'instruction générale a besoin d'être complétée. On peut obtenir un prospectus et tous renseignements à l'Institut Emmaüs, Vennes, Lausanne.

TABLE DES MATIÈRES

LAUSANNE — IMPRIMERIE LA CONCORDE

Lausanne. — Imprimerie La Concorde.

www.ingramcontent.com/pod-product-compliance
Ingram Content Group UK Ltd.
Pitfield, Milton Keynes, MK11 3LW, UK
UKHW022100260726
13993UKWH00001B/232